La reverencia por l
divino, puesto que no hay nada más q
misma.

El hombre ha nacido con enormes tesoros, pero también con toda la herencia animal. De alguna manera, nos tenemos que limpiar de esta herencia animal y crear espacio para que el tesoro se haga consciente y pueda compartirse, porque ésta es una de las cualidades del tesoro: cuanto más lo compartes, más tienes.

Muchos de nuestros problemas existen porque nunca los hemos contemplado, nunca hemos enfocado la visión en ellos para saber lo que son.

Da vida a cosas que sean hermosas; no des vida a cosas feas. No tienes demasiado tiempo, demasiada energía para desperdiciar. En tan corta vida, con recursos tan limitados de energía, es estúpido desperdiciarla en tristeza, ira, odio, celos.

Úsala para amar, úsala en actos creativos, en la amistad, en la meditación. Haz algo con tu energía para elevarte. Cuanto más alto llegues, mayores recursos de energía se pondrán a tu alcance.

Está en tus manos.

Ningún hombre es una isla. Esto debe ser recordado como una de las verdades fundamentales de la vida. Lo enfatizo porque tendemos a olvidarnos de ello.

Somos todos parte de una fuerza vital, parte de una existencia oceánica. Básicamente porque somos uno en nuestras raíces, surge la posibilidad de amar. Si no fuéramos uno, no habría posibilidad de amar.

✷

El hombre carga aún con mucho del instinto animal: su ira, su odio, sus celos, su posesividad, su astucia. Todo lo que ha sido condenado en el hombre parece venir del inconsciente profundamente arraigado. Y todo el trabajo de la alquimia espiritual consiste en eliminar el pasado animal.

Sin eliminar el pasado animal, el hombre permanecerá dividido. Su pasado animal y su humanidad no pueden coexistir, porque lo humano tiene cualidades precisamente opuestas. Así es que todo lo que el hombre puede hacer es volverse hipócrita.

En lo que concierne a su comportamiento, él sigue los ideales de la humanidad: amor, verdad, libertad, desapego, compasión. Pero esto permanece como una delgada envoltura, y en cualquier momento el animal oculto puede surgir; cualquier accidente lo pone de manifiesto. Y surja o no esto, la consciencia* en su interior permanece dividida.

Esta consciencia dividida ha venido creando la aspiración y la pregunta: ¿cómo convertirse en un todo armónico en lo que concierne al individuo? Y lo mismo sucede con la sociedad: ¿cómo podemos convertir la sociedad en un todo armónico, donde no haya guerra, ni conflicto, ni clases, ni divisiones de color, casta, religión o nación?

En lugar de pensar en términos de revolución y cambio de estructuras sociales, debemos pensar más en la meditación y en el cambio individual.

Esa es la única forma posible para que algún día puedan ser descartadas todas las divisiones sociales. Pero primero deben descartarse en el individuo, y es posible hacerlo.

No hay nada que pueda denominarse «verdad» que un día puedas encontrar al abrir una caja cuyo contenido te haga exclamar: «¡He encontrado la verdad!»

No existe esa caja.

---

* "Consciencia" equivale aquí al inglés *consciousness*, significando el acto de tomar conocimiento, estar alerta, consciente; a diferencia de "conciencia", en inglés *conscience*, que se refiere al acervo de conocimiento y su contenido moral. (N. del E.)

Está clara la razón por la que la gente habla de la verdad y continúa viviendo en un mundo de mentiras. Hay un anhelo de verdad en su corazón; están avergonzados por su falta de verdad, así es que hablan acerca de la verdad. Pero es sólo palabrería. Vivir de acuerdo con ella es demasiado peligroso, no se pueden arriesgar.

Y lo mismo sucede con la libertad. Todos quieren libertad, en cuanto a hablar de ella se refiere, pero nadie en realidad es libre. Y nadie realmente quiere ser libre porque la libertad trae consigo responsabilidad, no viene sola. Y ser dependiente es sencillo, la responsabilidad no te toca, la responsabilidad es de aquel de quien dependes.

Así pues, la gente ha creado un modo de vida esquizofrénico. Se habla de la verdad, de la libertad... y se vive en la mentira y en la esclavitud, esclavitud de muchos tipos, puesto que cada esclavitud libera de alguna responsabilidad.

El hombre que realmente quiere ser libre tiene que aceptar inmensas responsabilidades, no puede echárselas a nadie más. Haga lo que haga, o sea lo que sea, él es el responsable.

Una persona realmente no violenta es aquella que no mata ni hace daño a nadie porque está en contra de matar y hacer daño. Pero si alguien le hace daño, también está en contra de ese daño, y si alguien quiere matarlo, él no lo permitirá.

Nunca iniciará ninguna violencia, pero si la violencia se ejerce en contra suya entonces luchará cuerpo a cuerpo. Sólo así la gente no violenta puede permanecer independiente, de otra manera serían esclavos, pobres, y les robarían constantemente.

El ser tú mismo te da todo lo que necesitas para estar satisfecho, todo lo que puede hacer que tu vida tenga sentido, significado. Sólo el ser tú mismo y crecer conforme a tu naturaleza traerá el cumplimiento de tu destino.

Sé impredecible y cambiante. Nunca ceses de cambiar ni de ser impredecible, sólo así la vida puede ser disfrutada.

En cuanto te vuelves predecible te conviertes en máquina.

De una máquina se pueden hacer pronósticos, era la misma ayer, es la misma ahora y será la misma mañana. El cambiar en cada momento es sólo prerrogativa del hombre.

El día que dejes de cambiar, en una forma sutil, habrás muerto.

Apuesta todo, sé un jugador. Arriesga todo porque el

momento próximo es incierto, así que ¿para qué preocuparse? ¿Qué te puede importar?

Vive peligrosamente, gozosamente. Vive sin temor, sin culpa. Vive sin miedo del infierno ni codicia por el cielo. Simplemente vive.

✳

Cada error es una oportunidad para aprender. Simplemente no cometas el mismo error una y otra vez. Eso es una estupidez. Pero comete tantos nuevos errores como te sea posible; no temas, porque esa es la única forma en que la naturaleza te permite aprender.

✳

Religiosidad significa sólo un estímulo para crecer, un desafío a la semilla a fin de que ésta alcance su máximo punto de expresión, que estalle en miles de flores y libere la fragancia que llevaba escondida.

A esa fragancia la llamo religiosidad.

✳

Todo el mundo está sufriendo tanto que necesita encontrar una razón cualquiera para explicarse a sí mismo el porqué de su sufrimiento. Y la sociedad te ha dado una buena estrategia: juzga.

Primero, naturalmente, te juzgas a ti mismo en todo.

No hay hombre perfecto y no lo puede haber —la perfección no existe—, así que juzgar es muy fácil. Eres imperfecto, por tanto hay cosas que lo demuestran. Y entonces te enfadas, te enfadas contigo y con el mundo entero. ¿Por qué no soy perfecto? Y entonces miras con una única idea: buscar en los demás las imperfecciones.

Y entonces quieres abrir tu corazón, naturalmente, pues a menos que abras tu corazón no puede haber celebración en tu vida, ésta estará casi muerta. Pero no puedes hacerlo directamente. Tienes que arrancar tus condicionamientos de raíz. Así pues, la primera cosa es dejar de juzgarse uno mismo.

En lugar de juzgarte, empieza a celebrarte con todas tus imperfecciones, tus fragilidades, errores, fallas. No te exijas ser perfecto. Eso es simplemente pedir lo imposible, y luego te sentirás frustrado.

Después de todo, eres un ser humano.

Mira simplemente a los animales, a los pájaros: ninguno está preocupado, ninguno está triste ni frustrado. No ves un búfalo con ataques de ira. Está perfectamente a gusto masticando la hierba, al igual que todos los días. ¡Parece casi un iluminado! No tiene tensiones, está en perfecta armonía con la naturaleza, consigo mismo y con todo tal como es.

Los búfalos no forman partidos para revolucionar el mundo, para convertir a los búfalos en superbúfalos, para hacer a los búfalos religiosos y virtuosos. Ningún animal está interesado en las ideas humanas.

Y todos ellos deben estar riendo: ¿qué es lo que te ha sucedido? ¿Por qué no puedes ser simplemente tú mismo tal como eres? ¿Cuál es la necesidad de ser otro? Así es que lo primero es una profunda aceptación de ti mismo.

No condenes la sensualidad. Ésta ha sido condenada por todo el mundo, y por eso la energía que podría haberse canalizado a través de la sensualidad se vuelve perversión, celos, ira, odio... un tipo de vida seca, sin jugo.

La sensualidad es una de las más grandes bendiciones de la humanidad. Es tu sensibilidad, es tu consciencia. Es tu consciencia filtrándose a través del cuerpo.

❋

Los padres han cargado con la idea, a través de las eras, de que los hijos les pertenecen y éstos tienen que ser fotocopias. Una fotocopia no es algo hermoso, y la existencia no cree en copias, ella se regocija en la originalidad.

Tienes que ayudarles a superarte sin que te imiten. Este es en realidad el deber de los padres, pues los niños imitan y, naturalmente, a quién van a imitar sino a los padres, que son los más cercanos.

Hasta ahora, los padres han disfrutado mucho el que los niños traten de ser como ellos. El padre se siente orgulloso de que su hijo sea como él. Pero así una vida se desperdiciará; el hijo entonces no sería necesario, bastaría con el padre.

Por este erróneo concepto de orgullo en la imitación de los hijos a los padres hemos creado una sociedad de imitadores.

La obediencia no necesita inteligencia. Todas las máquinas son obedientes, no se han conocido máquinas desobedientes.

La obediencia es también simple, te aligera de toda responsabilidad. No hay necesidad de reaccionar, sólo tienes que hacer lo que se te ordena. La responsabilidad es de aquel de quien viene la orden. De cierta manera tú quedas libre, no puedes ser condenado por tu acto.

La religiosidad no es algo en lo que se deba creer, sino algo que tiene que vivirse, que tiene que experimentarse. No una creencia para tu mente, sino el sabor de tu ser total.

La mente no puede dejar de juzgar. Si la quieres obligar a que deje de hacerlo, tu inteligencia sufrirá un bloqueo. Entonces dejaría de funcionar bien.

Dejar de juzgar no es cosa que esté dentro de las posibilidades de la mente. Sólo el hombre que ha trascendido la mente puede dejar de juzgar; de otro modo, lo que te parece un hecho y un juicio válido, es solamente apariencia.

Todo lo que la mente decide y manifiesta está contaminado por sus condicionamientos, sus prejuicios... es por esto que juzga.

Por ejemplo, ves un ladrón. Es un hecho que ha estado robando —no hay duda— y haces un juicio acerca de él. Y es cierto, robar no es bueno, por lo que cuando llamas a un hombre «ladrón», tu mente dice: «Tienes razón, tu juicio es válido.»

Puede ser un gran pintor, un buen carpintero, un buen cantante o bailarín, puede tener mil y una cualidades. El hombre en su integridad es muy vasto y el robo corresponde a una sola acción.

Y sobre la base de un acto no puedes lanzar un juicio acerca de todo el hombre; no conoces a la persona ni tampoco conoces el acto, en qué condiciones se realizó. Quizá en las mismas condiciones tú hubieras robado también. Quizá en tales condiciones robar no sea malo, porque todo acto está relacionado con las condiciones.

Si observas el mundo y ves los condicionamientos de las diferentes personas, sus ideas sobre el bien y el mal, correcto o incorrecto... por vez primera te percatarás de que tu mente es también parte de cierta sección de la humanidad, no representa para nada la verdad, sólo representa aquella sección.

Y a través de la mente, cualquier cosa que veas, la enjuicias.

La existencia es una; sus expresiones, millones; pero el espíritu expresado es el mismo. Es una divinidad con infinita variedad de creaciones.

El dinero es una cosa extraña. Si no lo tienes es asunto simple —no lo tienes—, no hay complejidad. Pero si lo tienes, ciertamente se crean complejidades.

Uno de los más grandes problemas que el dinero acarrea es que no sabes si eres deseable o tu dinero es el deseable. Y es tan difícil distinguirlo que uno preferiría no tener dinero. Al menos, la vida sería simple.

Ahora, algo como el dinero, que podría ser un gran placer, se torna en una gran angustia. Pero no es el dinero, es tu mente.

El dinero es útil, no hay pecado en tenerlo; no es necesario sentirse culpable.

Así es como la mente crea sufrimientos. Si tienes dinero, disfrútalo. Y si alguien te ama no plantees el problema, porque pones a la persona en una situación realmente difícil. Si te dice que te ama no le vas a creer, y si dice que ama tu dinero sí le creerías. Y si ama tu dinero el asunto termina. Pero en el fondo siempre sospechas que ama tu dinero y no a ti.

21

Pero no hay nada malo, el dinero es tuyo tal como lo son tu nariz, tus ojos, tu pelo... Y este hombre te ama en tu totalidad; el dinero es también parte de ti. No hagas separaciones y no hay problema.

Trata de vivir una vida con las menores complejidades y los menos problemas posibles... y está en tus manos hacerlo.

✳

Conocer el mundo entero no es nada si se compara con el conocimiento de tu propio misterio de vida interior.

✳

La propia idea de comparación es absolutamente falsa. Cada individuo es único porque no hay nadie como él. La comparación sería válida si todos los individuos fueran iguales, y no lo son.

Incluso los gemelos no son absolutamente iguales. Es imposible encontrar a otro exactamente igual a ti. Así pues, todo el problema se origina por comparar personas únicas.

✳

Una de las cosas más difíciles, pero de lo más fundamental, es no dividir la vida en cosas hermosas y cosas feas, o, en suma, no dividir. Todo es parte de una totalidad.

Se necesita sólo un poco de sentido del humor. Y

para mí, el sentido del humor es esencial para la integridad de la persona.

¿Qué hay de malo en las cosas pequeñas y estúpidas? ¿Por qué no puedes reírte de ellas y disfrutarlas? Todo el tiempo te sientas en la silla del juez, y eso te hace ser serio.

Entonces las flores son hermosas, pero ¿y las espinas? Ellas también son parte de la existencia de las flores. Las flores no existirían sin las espinas, éstas son su protección. Tienen un propósito, una función, un significado.

Pero tú divides: las flores son hermosas, y las espinas, feas. Pero en el árbol, la misma savia llega a la flor y a la espina. En la existencia del árbol no hay división, no hay juicios. La flor no es favorecida, la espina no es simplemente tolerada; ambas son aceptadas totalmente.

Y ésta debe ser nuestra directriz en la vida.

Hay pequeñas cosas, las cuales, si las juzgas, parecen estúpidas, tontas; pero eso se debe a tu juicio; de otra forma, ellas llenan una necesidad esencial.

Toda la función de la mente es dividir. La función del corazón es encontrar el punto de unión, para lo cual la mente está completamente ciega.

La mente no puede entender lo que está más allá de las palabras, sólo entiende lo que es expresado lingüísticamente y es lógicamente correcto. No tiene contacto con la existencia, con la vida, con la realidad. La mente en sí misma es una ficción.

Puedes vivir sin la mente.

No puedes vivir sin el corazón.

Y cuanto más profundamente vivas, más estará involucrado tu corazón.

✳

La vida está fluyendo, es un río, un flujo constante. La gente se cree estática. Sólo las cosas son estáticas, sólo la muerte no cambia, la vida constantemente está cambiando. Más vida, más cambio. Vida abundante y habrá un tremendo cambio a cada momento.

✳

Nadie es superior, nadie es inferior, ni nadie es igual tampoco. Cada uno es único.

La igualdad es psicológicamente errónea. No todos pueden ser un Albert Einstein ni tampoco un Rabindranath Tagore. Pero eso no significa que Tagore sea superior a ti, puesto que Tagore no puede ser tampoco lo que eres tú.

Mi punto de vista es que cada uno es una única manifestación. Así que deberíamos destruir toda idea de superioridad, inferioridad o igualdad y reemplazarla por una nueva idea de unicidad.

Y cada individuo es único.

Solamente mira con amor y verás que cada individuo tiene algo que nadie más posee.

✳

Haz sólo aquello que sea agradable, agradable a ti y a tu

entorno. Haz sólo lo que te traiga una canción y cree ι ritmo de celebración a tu alrededor.

A esa vida la llamo yo religiosa. Ésta no tiene principios, ni tiene disciplina ni ley. Tiene un solo enfoque: vivir inteligentemente.

La obediencia es algo simple; la desobediencia necesita un nivel más elevado de inteligencia.

Cualquier idiota puede ser obediente, de hecho sólo los idiotas lo son.

La persona con inteligencia está obligada a preguntar: «¿Por qué? ¿Por qué tengo que hacer esto?» Y a menos que conozca las razones y las consecuencias de eso no se involucrará. Entonces será responsable.

Es absolutamente imposible para un santo ser un pícaro; pero un pícaro puede ser un santo.

El hombre no ha aprendido aún lo que es la belleza de la soledad. Está siempre anhelando tener una relación, estar con alguien, con un amigo, con un padre, con una esposa, con un marido, con un niño... con alguien.

Ha creado sociedades; ha creado clubes como los Leones, el club de los empresarios. Funda partidos políticos o ideológicos. Crea religiones e iglesias. Pero su necesidad básica está en olvidar de alguna forma que está solo. En sociedad con las multitudes tratas de olvidar algo que estando en la oscuridad súbitamente recuerdas: que has nacido solo, que morirás solo y que hagas lo que hagas vives solo.

La soledad es algo tan esencial para tu ser que no hay manera de evitarla.

✳

Todos los esfuerzos dirigidos a evitar la soledad han fallado, y fallarán porque están en contra de los fundamentos de la vida. Lo que se necesita no es algo para olvidar la soledad, se necesita tomar consciencia de esa «solitud» que es una realidad.

Y es tan hermoso experimentarla, sentirla, porque es tu libertad respecto a la multitud, el otro. Es nuestra libertad que nos quita el temor de sentirnos solitarios. La palabra «solitario» inmediatamente produce una herida, un vacío que hay que llenar; lastima. Sé algo que lo llene.

«Solitud», esa palabra no sugiere el sentido de herida, de vacío que debe ser llenado. Solitud significa que estás completo, no necesitas a nadie para completarte.

Así pues, trata de encontrar tu más profundo centro donde siempre estés solo. En la vida, en la muerte, dondequiera que estés, estarás solo. Pero esto es tan pleno —no es un vacío—, está tan completo y desbordante de savia vital, de todas las bellezas y bendiciones de la existencia, que en cuanto se ha probado la solitud, la pena del corazón desaparece. En su lugar surge un nuevo ritmo de inmensa dulzura, paz, gozo, felicidad beatífica.

Esto no significa que un hombre centrado en su solitud —completo en sí mismo— no pueda hacer amigos; de hecho sólo él puede hacerlos, porque ahora no es ya su necesidad, sólo quiere compartir. Tiene tanto que puede compartir.

Somos parte de una existencia. A quienquiera que hagas daño, a la larga te estás haciendo daño a ti mismo. Puede ser que ahora no te des cuenta, pero algún día, cuando te hagas más consciente, entonces dirás: «¡Dios mío, esa herida me la he infligido yo mismo!» Cuando has herido a otro pensando que era diferente.

Nadie es diferente. Toda la existencia es una, una unidad cósmica. De esta comprensión surge la no violencia.

Cuando te enfadas, te estás castigando a ti mismo. Estás quemando, destruyendo tu corazón con sus elevadas cualidades, y te llenas de odio.

El hombre está en plenitud cuando está en sintonía con el universo. Si no está a tono con el universo, entonces está vacío, y de ese vacío viene la codicia.

La codicia se tiene que satisfacer con dinero, con casas, con muebles, con amigos, con amantes, con cualquier cosa, porque no se puede vivir en el vacío. Éste te horroriza, es una vida fantasmal. Si estás vacío y no hay nada dentro de ti, te será imposible vivir.

Para tener la sensación de que dentro de ti hay mucho, sólo hay dos formas, o bien te sintonizas con el universo y entonces estás lleno del «Todo, con todas sus flores y estrellas», lo que es una verdadera plenitud. O, si esto no lo logras —y millones de personas no tratan de lograrlo—, entonces no te queda otro camino que llenarte de cualquier basura.

La codicia significa que estás sintiendo un hondo vacío y quieres llenarlo con lo que esté a tu alcance, no importa lo que esto sea.

En cuanto comprendes esto, entonces no tienes nada que ver con la codicia. Ahora tienes algo que ver con entrar en comunión con el Todo para que el vacío interior desaparezca.

✳

Todo el pasado de la humanidad ha ensalzado la pobreza y la ha equiparado a la espiritualidad, lo cual es una absoluta tontería. La espiritualidad es la riqueza más grande que puede tener un hombre; ésta contiene todas las riquezas, no está en contra de ninguna otra forma de riqueza. Está simplemente en contra de toda clase de pobreza.

Por una parte, la gente respeta la pobreza, y por la otra se dice que hay que ayudar al pobre. ¡Qué extraño! Si la pobreza es tan espiritual, lo mejor sería hacer que todos

los ricos se volvieran pobres. Ayuda al rico a v̶
pobre para que pueda ser muy espiritual. ¿Por qué ayu̶
al pobre? ¿Se quiere acaso destruir su espiritualidad?

Vivir en abundancia es la única cosa espiritual del mundo.

✳

El dinero conlleva una carga negativa por la simple razón de que no hemos sido capaces de edificar un sistema sano en el cual el dinero pueda ser el sirviente de toda la humanidad y no el amo de unos cuantos codiciosos.

El dinero posee una carga negativa porque la psicología del hombre está llena de codicia. De otra forma, el dinero es simplemente un medio de intercambiar cosas, un medio perfecto, nada hay de malo en él. Pero la forma en que lo hemos usado hace que todo parezca malo en él.

Si no tienes dinero, estás condenado a que tu vida sea una maldición. Y toda tu vida la ocupas en tener dinero por cualquier medio.

Si tienes dinero, esto no cambia los fundamentos: quieres más, no hay fin para este deseo. Y al final, cuando tienes ya tanto dinero —aunque sea bastante nunca lo es, aunque sea más de lo que ningún otro hombre tenga—, entonces empiezas a sentirte culpable porque los medios empleados para acumularlo son feos, inhumanos, violentos; has explotado, has chupado la sangre de la gente, has sido un parásito. Así que ahora que tienes el dinero, éste te recuerda los crímenes cometidos para ganarlo.

Eso crea dos tipos de personas. Una, la que empieza a donar a instituciones de caridad para librarse de la culpa. Y otra que se siente tan culpable que o se vuelve loca o se suicida. Su existencia se vuelve pura angustia, cada respiración le pesa. Y lo extraño es que toda su vida trabajó para obtener ese dinero porque la sociedad provoca el deseo, la ambición de ser rico y poderoso.

Y el dinero trae poder; puede comprarlo todo excepto esas pocas cosas que no puede comprar. Pero a nadie le importan esas cosas.

La meditación no puede comprarse; el amor, la amistad, la gratitud tampoco. Pero a nadie le importan esas cosas.

*

Observa la existencia y su abundancia. ¿Para qué se necesitan tantas flores en el mundo? Sólo con las rosas hubiera habido bastante. Pero la existencia es pródiga: millones de millones de flores, de pájaros, de animales, todo en abundancia.

La naturaleza no es asceta, es una danzarina en todas partes: en el océano, en los árboles... canta dondequiera: en el viento cuando pasa a través de los pinos; en los pájaros...

¿Qué necesidad hay de millones de sistemas solares conteniendo millones de estrellas? Parece no haber necesidad, excepto que la abundancia es la propia naturaleza de la existencia; esa riqueza es el alma; la existencia no cree en la pobreza.

✳

Yo no veo la codicia como un deseo, es algo como una enfermedad existencial. No estás armonizado con el Todo, y sólo en sintonía con él puedes tener santidad.

Para mí, la codicia no es para nada un deseo, así que no hay nada que hacer con la codicia. Tienes que entender ese vacío que estás tratando de llenar. Pregúntate ¿por qué estás vacío? Quizá has perdido la pista, no marchas ya por el mismo camino. No eres existencial. Ésa es la causa de tu vacío.

Así pues, sé existencial, déjate ir y acércate a la existencia en silencio, paz, meditación. Y un día te verás tan completo, tan desbordante de felicidad, de gozo, de bendiciones. Tendrás tanto que podrás convidar al mundo entero y ni así se agotará.

Ese día, por primera vez, no sentirás ninguna codicia, ni por dinero, ni por alimento, ni por objetos... por nada. Vivirás, no con la codicia que no puede ser satisfecha, ni con la herida que no puede ser curada. Vivirás con naturalidad, y todo lo que necesites, lo encontrarás.

✳

Cada uno piensa que es inferior en una forma o en otra. La razón es que no aceptamos nuestro ser único. No hay problema de superioridad o inferioridad, cada quien es único en su clase, la comparación no tiene lugar.

No hemos dejado a la gente aceptarse como es. En cuanto te aceptas tal como eres, sin comparación alguna, toda inferioridad o superioridad desaparece. En la total aceptación de tu ser te liberarás de esos complejos, de otra manera sufrirás toda la vida.

Y no puedo concebir a nadie que lo tenga todo en este mundo. La gente lo ha intentado y fallado totalmente.

Sólo sé tú mismo, eso es suficiente.

Has sido aceptado por el sol, aceptado por la luna, por los árboles, por el océano, por la tierra. ¿Qué más quieres?

Has sido aceptado por todo este universo.

¡Regocíjate!

Todo el mundo necesita tener aprobación y reconocimiento. La estructura de nuestra vida es de tal modo que a menos que tengamos reconocimiento, pensamos que somos inútiles. Nuestro trabajo no es importante, sino el reconocimiento que obtenemos de él. Y esto es poner las cosas del revés.

Nuestro trabajo debería ser lo importante, una alegría en sí mismo. Se debe trabajar no para ser reconocidos, sino porque se disfruta del ser creativo. Se ama el trabajo por el trabajo mismo. Se trabaja si es eso lo que uno quiere hacer.

No pidas reconocimiento. Si éste viene, tómalo con calma. Si no viene, no pienses sobre eso. Tu satisfacción debe estar en el trabajo mismo.

Y si todos aprenden el sencillo arte de amar su trabajo —sea lo que sea y dondequiera, sin pedir reconocimiento—, tendríamos un mundo mejor y más festivo, de otra forma el mundo estará atrapado en un marco de sufrimiento. Lo que se hace hoy no es porque se disfrute, sino porque el mundo ofrece una recompensa, da reconocimiento y medallas de oro, premios Nobel.

Se ha escamoteado todo el valor intrínseco de la creatividad y destruido a millones de personas porque no se puede dar premios Nobel a millones de personas. Y se ha creado en todos el deseo de ser reconocido, así pues nadie puede trabajar en silencio y en·paz, disfrutando de lo que hace. Y la vida consiste en pequeñas cosas. Para esas pequeñas cosas no hay recompensas, ni títulos otorgados por los gobiernos, ni grados universitarios.

Cualquier hombre que tenga sentido de su individualidad vive para lo que ama, para su trabajo, sin importarle lo que otros piensen de él.

El gozo no está en haber realizado algo, el gozo está en haber hecho lo que deseaste, lo que deseaste con total intensidad, que mientras lo hacías te olvidaste de todo, del mundo entero; en eso enfocaste todo tu ser.

Y ahí está tu felicidad y tu recompensa, no en lo realizado, no en lo que haya perdurado.

En este cambiante flujo de la existencia tenemos que encontrar la recompensa en el minuto mismo. Lo que hagamos, ponemos en eso todo lo mejor, no hacemos nada a medias. No escondemos nada, nos hemos dado con todo nuestro ser en cada acto.

En eso está nuestra felicidad.

❋

Es simplemente un hecho el que cada uno sea único y tenga cierta individualidad. Sólo tenemos que descartar las ideas acerca de cómo la gente debería ser, y reemplazarlas con la filosofía de que la gente es bella sea como sea. No establecer cómo debería ser, porque ¿quiénes somos para decir cómo debe ser alguien? Si la existencia lo ha aceptado así como es, entonces ¿quién soy yo para no hacerlo?

Así es que sólo hay que cambiar de actitud, lo cual es una cosa muy fácil en cuanto uno adquiere esta visión: cada quien es único. Es como es y así es como debe ser. No hay necesidad de volverse otro para ser aceptado, uno está aceptado ya. Esto es lo que llamo tener respeto por la individualidad, respeto por la gente tal como es. La humanidad entera puede ser algo tan regocijante y amable si podemos aceptar a todos tal como son.

❋

Un comunismo que surja del amor, de la inteligencia, de la generosidad, será real. Un comunismo que surja de la fuerza tiene que ser falso.

Y no existe en el mundo un hombre tan pobre que no sea capaz de contribuir con algo.

¿Por qué no crear una vida en la que el dinero no produzca jerarquías, sino que simplemente genere más y más oportunidades para cada uno?

La gente autoritaria es la que sufre de un complejo de inferioridad.

Para esconder su inferioridad imponen su superioridad. Quieren probar que son alguien, que su palabra es la que vale, su palabra es ley. Pero en el fondo son seres inferiores.

La naturaleza ciertamente no tiene jerarquía. Ésta es un artificio de la mente, puesto que sin jerarquías el ego no puede nutrirse y muere.

En la naturaleza todo tiene una oportunidad, un espacio, y no hay amo. Nadie es el amo ni nadie el sirviente. La naturaleza funciona como una unidad orgánica en la cual la individualidad no se pierde, pero que no da oportunidad al ego para desarrollarse; por tanto, los árboles no tienen egos, ni las aves lo tienen. Los animales de cualquier clase que sea no tienen egos.

El problema surge con el hombre.

Es el privilegio del hombre —sólo privilegio del hombre— el estar solo, el oponerse a la entera colectividad si siente que tiene razón.

Si tú sientes que éste es el camino que conduce a la libertad, entonces acepta las responsabilidades. Entonces esas responsabilidades no constituirán un peso sobre ti. Éstas te harán más maduro, más centrado, más firme, más hermoso en tu individualidad.

Sólo tienes un momento en las manos, un momento real. Y nunca más volverás a tener este momento. O bien vives este momento, o lo dejas pasar.

※

Cada niño sabe que el mundo que él ve es diferente del de sus padres. Y esto, en lo referente a ver, es absolutamente cierto.

Sus valores son diversos. Él puede recoger caracoles en la playa y los padres quizá le digan: «Tira eso, ¿por qué pierdes el tiempo?» Y para él, era lo más hermoso.

Él puede darse cuenta de que sus valores son diferentes. Los padres persiguen el dinero, él persigue mariposas. No puede comprender el interés por el dinero:

¿qué se puede hacer con él? Y los padres no entienden lo que se puede hacer con las mariposas o las flores.

Cada niño conoce las diferencias, el único problema consiste en que tiene miedo de sostener que tiene razón.

En lo que a él se refiere, deberían dejarle solo. Es cuestión de tener un poco de valor, que al niño no le falta, pero toda la sociedad está organizada de tal forma que incluso una hermosa cualidad como el valor del niño es objeto de condena.

Si los padres realmente aman a sus hijos tendrían que ayudarles a ser valientes, incluso en contra de ellos mismos. Les ayudarían a tener valor frente a sus maestros, frente a la sociedad, frente a todo lo que fuere a destruir su individualidad.

Recuerda, no hay que ser condescendiente. Serlo está absolutamente en contra de mi visión.

Mira a la gente, está sufriendo porque ha hecho concesiones en todos los puntos y no puede perdonarse a sí misma por eso. Ellos saben que hubieran podido atreverse a mantener su integridad, pero han sido cobardes. Ante sus propios ojos han fallado, han perdido el respeto propio. Eso es lo que acarrea el ser condescendiente.

¿Por qué lo hace uno? ¿Qué es lo que tiene que perder? En esta vida tan breve es mejor vivir totalmente, tanto como sea posible. No temas llegar al extremo. No puedes ir más allá, ser total es el límite. Y no hagas concesiones. Tu mente te dirá que las hagas porque hemos crecido con ese condicionamiento. Condescender es una de las palabras más feas, significa que das la mitad, el otro da la mitad y cada uno renuncia a algo.

¿Pero por qué? Cuando uno puede tenerlo todo, ¿por qué hacer concesiones?

Sólo se necesita un poco de valor para arriesgarse, y eso al principio, pues en cuanto experimentas lo bello de mantener la integridad, y la dignidad que proporciona a tu individualidad, sientes cómo tus raíces se afianzan, cómo empiezas a vivir desde el centro que es tuyo.

*

La persona que sufre, fácilmente es esclavizada. La persona alegre, llena de gozo, ésa no puede ser esclavizada.

*

El sexo es el comienzo de la vida y la muerte es el final; ésos son los dos extremos de la misma energía, los dos polos. No pueden desconectarse.

Quizá el sexo es muerte a plazos.

Y la muerte es sexo al contado.

Pero ciertamente hay una misma energía funcionando por ambos lados.

*

¿Por qué no hacer que en la vida el sexo no traiga amargas experiencias, celos, fracasos? Que el sexo traiga sólo diversión, no más que cualquier otro juego, es un juego biológico.

Cuando juegas al tenis no significa siempre que tengas que jugar con la misma pareja.

La vida debería ser más rica, sólo se necesita un poco de entendimiento, y el amor no debería ser un problema, ni el sexo un tabú.

La mente es tan sólo la colección de memorias del pasado, y debido a esas memorias, imaginaciones respecto al futuro.

Usa todas las oportunidades de la vida para elevar tu inteligencia y tu consciencia. De costumbre, lo que hacemos es usar las oportunidades para crearnos un infierno. Sólo tú sufres, pero porque sufres, haces sufrir a otros.

Y cuando tanta gente vive reunida, si todos se hacen sufrir unos a otros, esto se multiplica. Es así como el mundo entero se ha vuelto un infierno.

Esta situación puede ser cambiada al instante, con sólo entender lo básico: sin inteligencia no hay cielo.

Mi punto de vista es que la función de los padres no es ayudar a los niños a crecer; ellos crecerán sin ayuda.

Su función es mantener, nutrir y ayudar a lo que está ya creciendo, sin dar direcciones ni ideales. No decirles lo que es bueno ni lo que es malo sino dejar que lo encuentren por su propia experiencia.

La idea de que los niños son tu posesión es errónea. Han nacido a través de ti, pero no te pertenecen. Tú tienes un pasado, ellos tienen sólo futuro.

Ellos no van a vivir de acuerdo contigo. El vivir igual que tú sería casi equivalente a no vivir. Tienen que vivir de acuerdo con ellos mismos, en libertad, con responsabilidad, peligrosamente, aceptando los desafíos.

En cuanto comprendes que los niños no te pertenecen, que pertenecen a la existencia y que has sido solamente el pasaje, debes estar agradecido a la existencia por haberte elegido como el medio para traer a esos hermosos hijos. Pero no tienes que interferir en su crecimiento ni en su potencial. No debes imponerte a ellos.

Ellos no van a vivir los mismos tiempos, ni van a enfrentarse con los mismos problemas. Serán parte de otro mundo. No los prepares para este mundo, ni para esta sociedad ni este tiempo, porque así crearías problemas para ellos, se encontrarían mal adaptados y descalificados.

✳

La crueldad es un mal entendimiento. Surge en nosotros por el miedo a la muerte. No queremos morir, así que antes de que alguien te mate, te gustaría matarlo tú, pues el mejor método de defensa es el ataque. Y no se sabe quién va a atacar.

En el reino animal y en el mundo humano existe una tremenda competencia, y así la gente ataca sin importar a quién, ni esperar a ser atacado. Como no se sabe quién va a atacar, no quiere tomar el riesgo.

Y cuando se ataca a alguien muy lentamente, el corazón se hace más y más duro, y se comienza a disfrutar de causar daño. En el reino animal este fenómeno también puede verse porque existe la misma competencia por la comida y el poder.

La crueldad no es más que el espíritu de competencia, querer ser el primero. Esto significa violencia. Querer ser el primero existe entre los animales y entre los hombres. Pero ¿por qué esa prisa para ser el primero?

La razón existencial es la muerte.

✳

La crueldad desparece —y así es como he encontrado la clave de lo que es la crueldad— sólo cuando conoces que la muerte no existe; cuando experimentas algo inmortal dentro de ti. Entonces toda crueldad desaparece. Ya no necesitas correr, puedes dejar al otro adelantarse porque él no sabe que el mundo es infinito, la vida es infinita.

No hay forma de perder nada, si las cosas no se tienen hoy, se tendrán mañana. Pero no puedes perder nada si lo entiendes.

❉

De hecho, luchando y siendo cruel y violento, puedes perder mucho, porque ese proceso endurecerá tu corazón, te hará duro como la piedra. Y el corazón de piedra perderá todo lo que es grandioso, bello, gozoso.

Es difícil explicárselo a los animales, pero el problema real es explicar a los humanos que a través de la competencia, la violencia, la ambición, la prisa por llegar primero, se está creando un mundo demente en el que nadie disfruta y todos carecen de algo.

La única forma de hacer que la gente comprenda es ayudándole a sentir su ser inmortal, e inmediatamente toda la crueldad desaparecerá. Creer que la vida es limitada crea el problema. Si tienes vida infinita en ambos extremos —pasado y futuro—, no hay necesidad de tener prisa, de competir. La vida es tan abundante y tan plena que no puedes agotarla.

❉

Aquellos que sólo piensan acerca de la vida, del amor... para ellos el pasado y el futuro son perfectamente hermosos, ya que esto proporciona un amplio panorama.

Pueden decorar su pasado y hacerlo tan bello como gusten, aunque nunca lo hayan vivido; cuando éste fue el presente, ellos pasaron de largo. Estuvieron constantemente corriendo, y mientras corrían vieron algunas cosas que se imaginan que vivieron.

En el pasado, la realidad es la muerte, no la vida. En el futuro también, la realidad es la muerte, no la vida.

Aquellos que se han perdido la vida, automáticamente sustituyen el intervalo con sueños acerca del futuro. Su futuro es sólo la proyección del pasado. Lo que han perdido en el pasado esperan tenerlo en el futuro, y en medio de estos dos momentos inexistentes está el breve momento existencial, que es la vida.

El tiempo parece tener tres fases: pasado, presente y futuro, lo cual es erróneo. El tiempo consiste sólo en pasado y futuro.

Es la vida la que consiste en presente.

Así, aquellos que quieren vivir no tienen otra alternativa que vivir este momento.

Sólo el presente es existencial.

El pasado no es más que una colección de memorias, y el futuro no es sino tu imaginación, tu sueño.

La realidad está aquí, ahora.

El presente nada tiene que ver con el tiempo. Si estás

aquí, en este momento, el tiempo no existe. Existe un inmenso silencio, quietud; ningún movimiento; nada que esté pasando; todo se ha detenido repentinamente. El presente te da la oportunidad de sumergirte profundamente en las aguas de la vida, o volar alto por el cielo de la vida.

Pero en ambos extremos hay peligro: «pasado» y «futuro», las dos palabras más peligrosas del lenguaje humano. Entre el pasado y el futuro, vivir en el presente es casi como caminar sobre la cuerda floja, por los dos lados hay peligro.

Pero en cuanto pruebas el zumo del momento presente, dejan de importarte los peligros. En cuanto te armonizas con la vida, ya nada importa.

Y para mí, la vida es todo lo que existe.

✳

Para aquellos que desean vivir —no sólo pensar acerca de la vida, acerca del amor; ser, no sólo filosofar— no hay otra alternativa: beber el zumo del momento presente. Exprimirlo totalmente porque no va a regresar. Cuando se va, lo hace para siempre.

✳

La vida se extiende en setenta, ochenta años, la muerte sucede en un minuto. Es tan condensada que si has vivido bien serás capaz de entrar en el misterio de la muerte. Y el misterio de la muerte es que ésta es solamente una tapadera, dentro está tu inmortalidad, tu vida eterna.

✳

Yo no pienso demasiado en el futuro porque éste nace del presente. Si nos ocupamos del presente, ya nos hemos ocupado del futuro.

El futuro no viene de la nada, crece de este momento. El próximo momento surge de éste.

Si este momento es bello, silencioso, lleno de bendiciones, el próximo momento tiene que serlo más.

✳

Para mí, la seriedad es una enfermedad; el sentido del humor te hace más humano, más humilde. El sentido del humor, en mi opinión, es algo de lo más esencial en la religiosidad.

✳

El hombre no necesita trascender la naturaleza, yo os lo digo, el hombre tiene que satisfacer a la naturaleza, lo cual no puede hacerlo ningún animal. Ésa es la diferencia.

Has nacido como un ser natural; no puedes elevarte sobre ti mismo, sería como querer levantarte tirando de tus propias piernas. Puedes dar algunos saltos, pero pronto caerás al suelo, tal vez con alguna fractura. Y no puedes volar.

Y eso es lo que se ha estado intentando. La gente ha tratado de elevarse sobre la naturaleza, lo que significa sobre ellos mismos. Pero ellos no están separados de la naturaleza.

El hombre tiene la capacidad, la inteligencia y la libertad de explorar. Y si explora la naturaleza totalmente, llega a su hogar.

La naturaleza es tu hogar.

✳

Una de las leyes fundamentales de la vida es que aquello que está más alto sea vulnerable. La raíz de un árbol es muy resistente, no así las flores. Las flores son muy vulnerables, una ligera brisa puede destruirlas.

Lo mismo sucede con la conciencia humana. El odio es muy fuerte, no así el amor. El amor es como una flor: fácilmente puede ser aplastada por una piedra, destruida por cualquier animal.

Los valores superiores de la vida tienen que ser protegidos. Los valores inferiores tienen una protección en sí mismos.

Una piedra no necesita ser protegida, pero a su lado la rosa tiene que serlo. La piedra está muerta, no puede morir más.

Pero la rosa es tan viva, tan hermosa, tan llena de color, atractiva… Ése es el peligro y ésa es su fuerza que invita al peligro. Alguien puede arrancarla. No es fácil destruir la piedra, pero la flor puede ser arrancada.

⁂

El amor debe ocupar la cumbre más alta, y eso necesita cierta disciplina. La gente ha usado la disciplina para no hacer el amor; yo enseño la disciplina para hacer el amor correctamente y para que tu amor no sea sólo un acto biológico que no alcance nunca la región psicológica.

El amor tiene el potencial para alcanzar inclusive tu mundo espiritual, y en la cumbre más alta éste lo alcanzará.

⁂

El orgasmo no es algo necesario para la reproducción. Es algo que abre una ventana para la evolución más alta de la consciencia.

⁂

La experiencia del orgasmo no es sexual. Aun cuando lo obtengas a través del sexo, no tiene en sí mismo sexualidad.

Eso ha dado la visión de que hay posibilidades de alcanzarlo a través de medios no sexuales. Puesto que no es en sí mismo sexual, la sexualidad no es necesariamente el único camino.

El que se haya percatado de ello concluirá que hay otros medios para alcanzar el orgasmo, pues éste no deja ningún color ni impresión de sexo.

El primero en observarlo miró cómo sucede y las cosas se hicieron claras: en el momento del orgasmo la mente se detiene, se olvida uno del tiempo, no se puede pensar más. Hay una tremenda calma y una gran consciencia.

Cualquier observador que atraviesa por la experiencia naturalmente pensará que si estas cosas pudieran lograrse fuera del sexo —consciencia, cesación del pensamiento y del tiempo— se llegaría al estado orgásmico descartando la sexualidad. Y ese es mi sentir de cómo el hombre descubrió el principio de la meditación.

※

Libertad significa simplemente que te haces responsable de todo lo que eres y de lo que vas a ser.

※

Hay gente que se enfada, es la que provoca las revoluciones, los cambios en la sociedad, en el Estado. Pero todas las revoluciones han fallado porque todo lo que viene de la ira, viene de la ignorancia.

Esto no va a crear un auténtico cambio.

※

Un cambio para mejorar es imposible hacerlo con la ira. Quiero recordarte que la tristeza es sólo la ira al revés.

No es diferente, es la cólera reprimida. Si lo analizas verás la realidad; la tristeza puede transformarse fácilmente en ira, y la ira puede transformarse en tristeza del mismo modo. No son dos cosas, son tal vez las dos caras de una moneda.

El mundo es triste, es muy infeliz. Hay un gran sufrimiento en el corazón de la gente. Pero tú no necesitas entristecerte por eso, puesto que al volverte triste te vas a unir a ellos, vas a crear más tristeza. Esto no va a ayudar.

Es como si al ver a los enfermos tú te enfermaras también. Tu enfermedad no los va a hacer saludables, simplemente creas más enfermedad. Apenarte por su enfermedad significa averiguar las causas y ayudarles a suprimirlas.

Y al mismo tiempo tienes que permanecer tan alegre como sea posible, pues tu alegría será una ayuda, no tu tristeza. Tienes que estar contento. Ellos deben saber que existe la posibilidad de estar alegre en este triste mundo.

La ira es siempre un signo de debilidad.

Los tiempos de desastre te hacen consciente de la realidad tal como es. Ésta es siempre frágil, todos estamos siempre en peligro. Pero en los tiempos normales tú estás muy dormido y no te das cuenta. De ordinario sueñas e imaginas cosas bonitas para los días venideros, para el futuro.

Y en los momentos en que el peligro es inminente, de improviso te haces consciente de que el futuro puede no existir, que éste es el único momento que tienes.

Los tiempos de desastre son muy reveladores. No traen nada nuevo al mundo, simplemente te hacen consciente del mundo tal como es. Te despiertan. Si no lo entiendes puedes volverte loco; si lo entiendes, puede que despiertes.

No tiene sentido preocuparse, pues de ese modo sólo te perderás este momento sin que puedas ayudar a nadie. Ése es el secreto de cómo trascender el peligro.

El secreto consiste en empezar a vivir más plenamente, más totalmente, más alerta, para que puedas encontrar en ti algo que no puede ser tocado por la muerte.

Ése es el único refugio, la única seguridad.

Así que lo único que importa es cómo usar cada cosa. Lo que sea, úsalo bien.

El desastre y el peligro son grandes, pero grandes las oportunidades también.

Ninguna ilusión perdura frente a la realidad; la realidad la destruirá tarde o temprano.

La función del padre o la madre es enorme, porque ellos traen un nuevo huésped al mundo, que no tiene conocimientos, pero sí un gran potencial. Y a menos que este potencial crezca, él permanecerá infeliz, y ningún padre quiere que sus hijos sean infelices.

Quieren verlos felices, sólo que su forma de pensar es incorrecta. Piensan que si sus hijos se vuelven doctores, ingenieros, científicos, serán felices. Pero no saben...

Los hijos serán felices sólo si se vuelven aquello que tienen que ser. Sólo pueden desarrollar la semilla que llevan dentro.

Juzgar es feo, hiere a la gente. Por una parte los lastimas, los hieres, y por la otra quieres su amor, su respeto. Esto es imposible.

Ámalos, respétalos, quizá tu amor y respeto ayude a hacerles cambiar sus debilidades, porque el amor les dará nueva energía, un nuevo sentido, una nueva fuerza.

El amor les dará nuevas raíces para sostenerse contra los fuertes vientos, el calcinante sol, la inclemente lluvia.

Siempre que haya algún problema de elección, la cabeza no puede ser elegida en lugar del corazón. El corazón es tu relación con la existencia; la cabeza es tu relación con la sociedad.

❄

Si estás triste, estás equivocado. Si estás gozoso, tienes razón.

❄

Cuando te digo que estés contento, feliz, que te regocijes con el hecho de que no estás en condiciones de sufrir, es porque tengo motivos.

El propósito es que tienes que volverte un ejemplo para aquellos que han olvidado completamente que la vida se puede disfrutar. A pesar de toda la oscuridad uno puede estar desprovisto de ella, se puede aún danzar. La oscuridad no puede impedir tu danza, no tiene poder para hacerlo.

En mi opinión, este es el verdadero servicio.

❄

La mente debe ser entrenada para ser sirviente del corazón. La lógica debe servir al amor. Y entonces la vida puede convertirse en un festival de luz.

El antiguo dicho «Como es arriba es abajo», o vicever-
sa, contiene una de las verdades más fundamentales del
misticismo. Quiere decir que no hay «arriba» ni hay
«abajo», que la existencia es una.

Las divisiones son creadas por la mente.

La existencia no admite divisiones.

Éstas son nuestra proyección y nos identificamos con
ellas de tal modo que perdemos contacto con el Todo.

Nuestra mente es sólo una pequeña ventana hacia el
vasto universo, pero cuando miras a través de ella, el
marco de la ventana enmarca el cielo en el exterior. A
pesar de que no hay marcos en el cielo, para tu punto de
vista el marco se vuelve el límite de la existencia.

Es lo que les sucede a veces a las personas que usan
gafas: las llevan puestas en la nariz y empiezan a buscar-
las. Incluso se olvidan de que sin gafas no pueden ver, y
están viendo mientras las buscan.

Pero si usas gafas durante años, poco a poco se vuelven parte de ti, como si fueran tus ojos. No las conside-
ras separadas de ti. Pero cada par de gafas puede dar su
propio color a las cosas que se miran. Tú eres el que
miras, las gafas no pueden ver solas. Las cosas no tienen
el color que las gafas les imponen, pero te has identificado tanto con ellas...

La mente del hombre es sólo un instrumento. Las
gafas están fuera del cráneo pero la mente está dentro,
así que no te la puedes quitar. Y estás tan cerca de ella
que esta cercanía ha creado la identificación.

Por eso lo que ve la mente se toma por realidad. Y la mente no puede ver la realidad. La mente ve sólo sus propios prejuicios, sus propias proyecciones sobre la pantalla del mundo.

✳

El mayor enemigo de la verdad en el mundo es la persona instruida, y el mayor amigo es aquel que sabe que no sabe.

✳

Se nos ha dicho, enseñado, programado de tal manera que incluso algo como el amor tiene que ser cosa de la mente.

El amor es básicamente cosa del corazón, pero nuestra sociedad ha tratado de pasar por alto el corazón porque éste no es lógico, no es racional, y nuestra mente ha sido educada para juzgar que todo lo ilógico está equivocado, que lo irracional no es correcto; sólo lo lógico está bien.

Y en nuestro programa de educación no hay sitio para el corazón, todo es de la mente. El corazón ha sido casi expulsado de nuestra existencia, silenciado. Nunca se le ha dado la oportunidad de crecer, de permitir que su potencial se realice. Así, la mente es la que domina.

La mente está bien cuando se refiere al dinero, a las ambiciones, pero es absolutamente inútil en lo referente al corazón. Dinero, guerra, deseo, ambición... no puedes incluir el amor en la misma categoría.

El amor tiene un diferente origen en tu ser, donde las contradicciones no existen.

Una auténtica educación no enseñará sólo a tu mente, puesto que tu mente puede darte un mejor medio de vida, pero no una mejor vida. El corazón no puede darte una buena forma de vivir pero sí una mejor vida. Y no hay razón para escoger entre los dos: usa la mente para lo que está hecha y usa el corazón para lo que le es propio.

Los religiosos, los políticos, la gente de negocios, los guerreros, todos quieren entrenar la mente. El corazón sería un estorbo, tiene que serlo.

Si eres un soldado y tienes corazón, no puedes matar al enemigo. En cuanto tomes el arma tu corazón dirá: «Así como tú tienes una esposa esperando, hijos, padres ancianos, de la misma manera hay quienes esperan que este pobre hombre retorne a casa.»

Sin haberte hecho nada, ¿cómo puedes matarlo? ¿Sólo para obtener un galardón o una promoción?

Si piensas que se puede hacer una sociedad ideal, un paraíso, esto parece imposible. Hay tantos conflictos y parece no haber modo de armonizarlos…

Una sociedad humana armónica sí es posible, debe serlo, porque en ella habría lugar para que cada uno creciera y tuviera la oportunidad de ser él mismo.

Pero parece que tal como es, la sociedad es absolutamente estúpida.

Los utópicos no son soñadores, pero los mal llamados realistas que los condenan son estúpidos. Sin embargo, ambos concuerdan en una cosa, que hay que hacer algo con la sociedad. Ellos están preocupados por la sociedad, y ahí está el fallo.

Tal como lo veo, la utopía no es algo que no vaya a suceder; ésta es posible, pero tenemos que fijarnos en las causas, no en los síntomas.

Y las causas yacen en el individuo, no en la sociedad.

El hombre ha olvidado lo que realmente es. Está casi hipnotizado con cierta idea acerca de sí mismo que va cargando durante toda su vida, sin saber que eso no es él; eso es sólo su sombra. Y no es posible que la sombra alcance la plenitud.

No hay necesidad de guerras, ni de celos, ni de odio... La vida es corta y el amor, precioso. Y si pudiendo llenar tu vida de amor, de armonía, de felicidad, si tu vida, pudiendo ser una poesía en sí misma, te la pierdes, sólo tú eres responsable de la pérdida, nadie más.

Es sólo asunto de comprender, se necesita un solo chispazo para no dejarse arrastrar por las fuerzas oscuras de la negatividad y la destructividad.

Sólo se necesita estar un poco alerta para dedicarte a la creatividad, al amor, a la sensibilidad, y hacer que tu breve existencia sea una serie de cantos, y tu muerte, el crescendo de tu canto y de tu danza, para que así vivas totalmente y mueras totalmente, sin lamentos, con gratitud, dando gracias a la existencia.

Todo el mundo quiere ser amado. Ése es un comienzo equivocado.

Esto se inicia porque el niño pequeño no puede amar, no puede decir ni hacer nada ni tampoco dar, lo único que puede es recibir.

La experiencia que un bebé tiene del amor se relaciona con recibir; recibe de la madre, del padre, de los hermanos, de los huéspedes, de los extraños... siempre recibiendo. Así pues, esta primera experiencia se graba hondamente en su conciencia: que él tiene que recibir amor.

Pero el problema es que todos han sido niños y todos tienen la misma urgencia de recibir amor, y nadie se libra de esta experiencia. Así, todos van pidiendo amor, y nadie lo da pues todos están en la misma situación.

Así pues, hay que estar alerta y consciente para que un accidente de nuestro nacimiento no prevalezca como un estado constante de la mente. En vez de ir pidiendo amor hay que empezar a darlo. Olvídate de pedir, simplemente da, y, te lo garantizo, lo recibirás en abundancia.

＊

La evolución funciona a través de polaridades. Así como no se puede caminar con una pierna, se necesitan dos, la existencia requiere de los opuestos —hombre y mujer, vida y muerte, amor y odio— para crear el movimiento, si no estaría en silencio.

Por una parte lo opuesto te atrae y por otra te hace sentir dependiente. Y nadie quiere ser dependiente, por lo que hay una lucha constante entre los amantes. Tratan de dominarse uno al otro.

El nombre es «amor», pero el verdadero juego es «política».

El esfuerzo del hombre se dirige a dominar a la mujer, a reducirla a un estado de inferioridad, no le permite crecer para hacerla permanecer retrasada.

La libertad de la mujer respecto a la esclavitud del hombre significará la liberación que él tiene que experimentar.

Por eso digo que el movimiento de liberación femenino no es sólo para la mujer, es también la liberación del hombre. Ambos serán liberados.

La esclavitud oprime a ambos, de ahí la lucha continua. La mujer ha encontrado sus propias estrategias para molestar al marido —quejas, desprecios...—, y el hombre las suyas propias. Y en medio de este campo de batalla esperamos que suceda el amor. Siglos han pasado y el amor no sucede, o sólo muy de vez en cuando.

Ésta es la situación del amor cotidiano, el cual sólo existe en el nombre, no en la realidad.

Si me preguntas cuál es mi visión del amor... ésta no es sólo una cuestión de dialéctica de los opuestos. Hombre y mujer son diferentes y complementarios. El hombre sólo es la mitad; también la mujer. Sólo juntos, en un profundo sentimiento de unidad, pueden sentir por vez primera la totalidad, la perfección.

Lo que el hombre le ha hecho a la mujer durante miles de años es simplemente monstruoso. Ella ha llegado a no sentirse igual al hombre. Y su condicionamiento ha sido tan hondo que incluso si se le dice que es igual, no va a creerlo. El condicionamiento se ha vuelto su mentalidad, se cree inferior en todo, en fuerza física y en cualidades intelectuales.

Y el hombre, que es quien la ha reducido a ese estado, no puede amarla, pues el amor sólo existe en igualdad, en amistad.

Si te es posible amar sin tener celos, sin tener apegos; si puedes amar a alguien tanto que su felicidad sea la tuya propia; incluso si se va con otra mujer que lo hace feliz, esto te hará feliz. Tú serás feliz porque él es feliz e incluso agradecerás a la mujer que haya hecho feliz al que tú amas; no estarás celosa. Entonces el amor ha encontrado su pureza.

Este amor no crea cadenas. Este amor significa la apertura del corazón ante la totalidad del cielo.

✳

Los celos son muy complicados, tienen en sí muchos ingredientes. La cobardía es uno; las actitudes egoístas, otro; los deseos de monopolizar... No es una experiencia de amor sino de posesión, una tendencia a competir y un profundo sentimiento de ser inferior.

Así que muchas cosas están comprendidas en los celos.

✳

Exponerse a riesgos debería ser uno de los fundamentos del verdadero hombre.

En cuanto veas que las cosas se están acomodando, desacomódalas.

✳

Eres una muchedumbre. Sólo tienes que mirar más cerca, más hondo en ti, y encontrarás mucha gente dentro de ti. Y todos pretenden, por turnos, ser tú. Cuando te enfadas, cierta personalidad te posee. Cuando estás amoroso, otra personalidad te posee y también se hace pasar por ti.

Esto no sólo te confunde a ti, sino a todos los que están en contacto contigo, pues ellos no saben qué pasa, ya que ellos mismos son una muchedumbre.

Y en cada relación hay no dos personas, sino una multitud contrayendo matrimonio. Tiene que haber guerra de continuo, porque raramente coincidirá —sólo por accidente— que tu parte amorosa esté en funciones cuando con la otra persona pase lo mismo.

De otra forma, sigues fallando. Cuando estás amoroso, el otro puede estar triste o preocupado. Y cuando el otro está amable, tú no lo estás. Y no hay manera de convocar a estas personalidades, ellas funcionan por cuenta propia.

Existe cierta rotación dentro de ti que puedes observar; no interfieras con tus personalidades, pues eso crearía más desorden y confusión. Sólo observa, porque al ver tus personalidades te darás cuenta del observador que también existe, y ante el cual esas personalidades giran. Y no es otra personalidad porque, de serlo, no podría observar a las otras. Esto es muy interesante e importante, el que una personalidad no puede observar a otra puesto que no posee alma.

Es como tu ropa, puedes cambiarte sin que la ropa se entere de que la has usado, de que ahora llevas una distinta. Tú no eres una personalidad, es por esto que puedes darte cuenta de la existencia de esas personalidades.

Esto también hace que se vea muy claro que hay alguien que está siempre observando el juego que gira alrededor de ti.

Ése eres tú.

*

Así que observa esas personalidades, pero recuerda que la observación es tu realidad. Y si puedes permanecer en observación de las personalidades, éstas empezarán a desaparecer; no pueden ya vivir. Necesitan la identificación para seguir vivas. Si te enojas, lo que se necesita es no olvidar vigilar ni sentirte identificado con la ira; entonces la ira pierde vida, está ya muriendo, desapareciendo.

Por tanto, permanece más y más concentrado en tu observación y esas personalidades desaparecerán. Y cuando no quede ninguna, entonces tu realidad —el amo— ha regresado a casa.

Ahora tu comportamiento será sincero, auténtico. Ahora, hagas lo que hagas lo harás con totalidad, intensamente; nunca te arrepentirás. Estarás siempre en un estado gozoso.

*

Muchos de nuestros problemas —la mayoría quizá— vienen porque nunca los hemos mirado cara a cara, y al no mirarlos les hemos dado energía. Tener miedo de ellos los fortifica; tratar de evitarlos es proporcionarles energía, pues de esa manera los estás aceptando. Tu aceptación misma es su existencia. Sin eso no existirían.

Tú tienes la fuente de energía. Todo lo que suceda en tu vida necesita tu energía. Si cortas la fuente de energía —y eso es lo que yo llamo identificación—, si no te identificas con nada, aquello pierde vida, no tiene energía propia.

Y la no identificación es el otro lado de la observación.

Los hábitos son fáciles; la consciencia, difícil, pero sólo al comienzo.

Nunca nos hemos preocupado por las raíces del amor y hemos hablado de las flores. Decimos a la gente que no sea violenta, que sea compasiva, amorosa, tanto que ame incluso a sus enemigos, a sus vecinos.

Hablamos de las flores, pero nadie se interesa por las raíces.

La pregunta es: ¿por qué no somos seres amorosos? La cuestión no es ser amorosos con una persona o con otra, con el enemigo o con el amigo, la cuestión es ver si somos amorosos o no.

¿Amas tu propio cuerpo? ¿Has tratado alguna vez de tocar tu propio cuerpo con caricias amorosas? ¿Te amas a ti mismo?

Piensas que estás mal y tratas de componerte. Eres un pecador y tienes que santificarte. ¿Cómo puedes amarte así? Ni siquiera puedes aceptarte. ¡Ésas son las raíces!

Las flores de plástico son permanentes. El amor de plástico también. La flor real no es permanente, cambia a cada momento. Ahora está allí danzando con el viento y el sol y la lluvia. Mañana no la encontrarás, desaparecerá tan misteriosamente como apareció.

El verdadero amor es como una flor verdadera.

✳

El corazón no conoce nada del pasado, nada del futuro; conoce tan sólo el presente. El corazón no tiene concepto del tiempo.

✳

Hay que entender que el pasado y el futuro son inexistentes. Todo lo que tienes es este preciso momento. Ni siquiera puedes tener otro. Sólo puedes tener en las manos un momento, tan pequeño y fugaz que si piensas en el pasado y el futuro, te lo vas a perder. Y ésa es la única vida y la única realidad que existe.

✳

La política es una enfermedad que debe ser tratada como tal. Y es más peligrosa que el cáncer; si es necesaria la cirugía, debe usarse. Pero la política es básicamente sucia. Tiene que serlo, dado que por un puesto, luchan miles de personas. Naturalmente, ellos van a pelear, a matar, a hacer cualquier cosa.

Todo nuestro programa mental es tan erróneo porque hemos sido programados para ser ambiciosos, y eso es la política. Y no sólo en la política, la contaminación se extiende a la vida ordinaria.

Incluso un niño aprende a contentar a su padre o madre con falsas sonrisas. Aprende a que si sonríe, es premiado. Así aprende la primera regla para ser un político. Aún está en la cuna y recibe lecciones de política. Y después, en todas las relaciones humanas sigue la política.

El hombre ha mutilado a la mujer. Esto es política. La mujer constituye la mitad de la humanidad y el hombre no tiene derecho a limitarla, pero durante siglos la ha mutilado.

No le ha permitido educarse, ni siquiera le ha dejado leer las sagradas escrituras. En muchas religiones ella no puede entrar en el templo o tiene un compartimiento separado. Ella no puede sostener su igualdad con el hombre ni aun ante Dios.

El hombre ha tratado de cortar la libertad de la mujer en todos los sentidos. Esto es política, no amor. Si amas a una mujer y no le das libertad, ¿qué clase de amor es ése que tiene miedo de la libertad? Si tú la encierras como a un loro en una jaula, puedes decir que amas a tu loro, pero lo estás matando. Le has robado su cielo a cambio de una jaula. Puede ser una jaula de oro, pero aun así nada se puede comparar con la libertad de un pájaro en el cielo, volando por los árboles, cantando su canción, no la que le has forzado a cantar, sino la que le es natural y auténtica.

La mitad de la humanidad, en todos los países, en todas las civilizaciones, ha sido destruida por la política de la familia. Siempre que haya urgencia de imponerse sobre otra persona hay política.

El poder es siempre político, incluso ejercido sobre niños menores. Los padres piensan que los aman, pero es sólo cosa de su mente, pues quieren que sus hijos sean obedientes. ¿Y qué significa la obediencia? Que todo el poder está en manos de los padres.

Si la obediencia es una cualidad tan grande, ¿por qué los padres no obedecen a los niños? Si es algo tan religioso, los padres deberían ser los obedientes.

El poder nada tiene que ver con la religión. Todo lo que el poder tiene que ver con la religión es ocultar la política tras una hermosa palabra.

El hombre tiene que ser expuesto abiertamente en todos los puntos donde la política haya entrado, e invadido todo, todas las relaciones humanas. Ha contaminado la vida entera y lo sigue haciendo.

Se ha creado la ambición de que uno debe ser alguien en el mundo, uno tiene que demostrar que no es una persona ordinaria, sino extraordinaria. ¿Pero para qué? ¿Cuál es el propósito de eso? Uno solo: convertirse en poderoso, los otros serán tus servidores.

Se ha castrado a la humanidad de diferentes maneras, y esta forma es muy política.

La gente ama la libertad, pero nadie quiere la responsabilidad.

Y ambas vienen juntas; son inseparables.

¿Por qué te preocupas por ser reconocido? Preocuparte por el reconocimiento tiene sentido sólo si no amas tu trabajo; entonces sí tiene sentido, es un sustituto.

Odias tu trabajo, no te gusta, pero lo haces porque obtienes reconocimiento; serás apreciado, aceptado.

En vez de buscar reconocimiento, reconsidera tu trabajo.

¿Lo amas? Entonces ahí termina todo. Si no lo amas, cámbialo.

Los padres y los maestros insisten en que debes ser

reconocido y aceptado. Ésta es una estrategia muy astuta para conservar a la gente bajo control.

Aprende algo elemental; haz lo que quieras hacer, lo que ames hacer, y nunca pidas reconocimiento. Eso es mendigar. ¿Por qué debe uno pedir ser reconocido? ¿Por qué necesita uno ser aceptado?

Mira en el fondo de ti mismo. Quizá no te guste lo que estás haciendo. Quizá temas estar en el camino equivocado. La aceptación te ayudará a sentir que vas por buen camino. El reconocimiento te dará seguridad de que lo estás haciendo bien.

Lo importante está en tu propio sentimiento interior, nada tiene que ver con el mundo exterior. ¿Por qué hay que depender de otros? Y todo eso depende de otros, tú te haces dependiente.

Cuando evitas esa dependencia te vuelves un individuo, y ser un individuo viviendo en total libertad, firme sobre tus propios pies, bebiendo de tus propias fuentes, es lo que hace a un hombre realmente centrado, enraizado. Y ése es el principio de su florecimiento final.

※

Si la inteligencia permanece inocente, es lo más hermoso que existe. Pero si la inteligencia está contra la inocencia, entonces es simplemente astucia, no inteligencia.

En cuanto la inocencia desaparece, el alma de la inteligencia se pierde, es un cadáver. Es mejor denominarla «intelecto» simplemente. Puede convertirte en un gran intelectual, pero no transformará tu vida ni te abrirá a los misterios de la existencia.

Estos misterios están abiertos sólo al niño inteligente. Y una persona realmente inteligente conservará viva su niñez hasta su último aliento. Nunca la pierde, el asombro que el niño siente ante los pájaros, las flores, mirando al cielo... La inteligencia debe ser también como un niño.

Es cosa extraña que la verdad no sea democrática. No se decide por votación qué es la verdad, de ese modo no la hallaríamos nunca. La gente votaría por lo que le es cómodo, y las mentiras son muy cómodas puesto que no hay nada que hacer con ellas, sólo creer.

La verdad requiere de esfuerzo, de indagación, de riesgo. Y necesita que vayas solo por un camino donde nadie ha viajado antes.

Las cualidades de una persona madura son muy extrañas. Primero, ha dejado de ser persona, ya no es un ser.

Tiene una presencia, pero no es persona.

Segundo, es más bien como un niño, simple e inocente. Por eso digo que las cualidades de una persona madura son extrañas, pues «madurez» da la idea de experiencia, edad, vejez.

Físicamente puede ser vieja, pero espiritualmente será inocente como un niño. Su madurez no es sólo experiencia ganada en la vida, eso no la haría ser un niño ni tener «presencia». Sería una persona experimentada y conocedora, pero no madura.

La madurez nada tiene que ver con tus experiencias de la vida. Tiene que ver con tu peregrinaje interior, tus experiencias internas.

*

Cuanto más entra una persona en sí misma, más madura es. Cuando llega al mismo centro de su ser, ha madurado totalmente. Pero en ese momento desaparece como persona, sólo su presencia permanece; el ser desaparece, sólo queda el silencio. El conocimiento desaparece, sólo la inocencia permanece.

Para mí, madurez es otro nombre de realización. Has llegado a la culminación de tu potencial. Éste se ha realizado. La semilla ha llegado al final de su larga jornada, ha florecido.

La madurez tiene una fragancia y da una tremenda belleza al individuo. Le da inteligencia, la más aguda posible. Lo convierte en el amor mismo. Su acción es amor; su inacción también. Su vida es amor, su muerte también.

Él es precisamente un florecimiento del amor.

*

La música moderna ha caído de la gracia porque ha olvidado su propósito elemental; se ha olvidado de su origen. No sabe que tiene una conexión con la meditación. Y lo mismo acontece con otras artes. Todas han dejado la meditación y están conduciendo a la gente hacia la locura.

El artista está poniéndose en peligro y pone en peligro a su audiencia. Puede que sea un pintor, pero su pintura es loca, no deriva de un estado meditativo.

Toda la función de la mente es crear división. La función del corazón es buscar el punto de unión para el cual la mente está completamente ciega.

Las mentes mediocres no pueden volverse locas.

El pensamiento de quietud y silencio no entusiasma a nadie. Ése no es tu problema personal, es el problema de la mente humana como tal, porque en la quietud y el silencio se está en un estado no mental.

La mente no puede estar quieta, necesita continuamente pensar, preocuparse. La mente funciona como una bicicleta: si continúas pedaleando sigue en marcha; si te detienes, te caes. La mente es un vehículo de dos ruedas, como una bicicleta, y tu pensamiento es el constante pedaleo.

Incluso si alguna vez estás un poco en silencio, inmediatamente te preocupas. ¿Qué pasa?

Cualquier cosa causa preocupación, pensamientos, porque la mente puede existir sólo de una forma: corriendo tras algo o escapando de algo, pero siempre corriendo. La carrera es la mente.

En el momento en que te detienes, la mente desaparece.

Tratamos de todas las formas posibles de renunciar a nuestro sentimiento de ser extraños. Por eso hemos creado toda clase de rituales. Cuando una pareja se casa, ¿qué es el matrimonio? Sólo un ritual. Pero ¿por qué? Porque ellos quieren abandonar su sentimiento de ser extraños el uno al otro y crear un puente de unión. Ese puente nunca se crea, ellos sólo imaginan que ahora son marido y mujer, pero siguen siendo extraños. Toda su vida vivirán juntos, pero nunca serán otra cosa que extraños, porque ninguno puede penetrar en la soledad del otro.

Sólo puedes dejar de ser extraño si puedes penetrar en la soledad del otro, lo cual no es posible, no existencialmente posible. Podemos acercarnos tanto como podamos, pero cuanto más cerca estemos más nos daremos cuenta de nuestra condición de extraños, porque lo veremos con mayor claridad: «El otro es desconocido para mí, tal vez incognoscible.»

✳

Cada uno tiene una clase de armadura. Hay razones para ello. Primero, cuando un niño nace está indefenso en un mundo del que nada sabe. Naturalmente, teme enfrentarse a lo desconocido.

Aún no ha olvidado los nueve meses de seguridad absoluta, sin problemas, sin responsabilidades, sin angustia por el mañana. Para nosotros son nueve meses, pero para el niño es la eternidad. Él nada sabe del calendario, nada acerca de los minutos, horas, días, meses. Él ha vivido una eternidad en absoluta seguridad sin tener ninguna responsabilidad.

Y entonces súbitamente es arrojado al mundo desconocido donde depende de otros para cada cosa. Es natural que sienta temor. Todos son mayores y poderosos, y no puede vivir sin su ayuda. Sabe que es dependiente, ha perdido su independencia y su libertad.

En esa situación, la armadura es una necesidad. Pero en cuanto creces, si no sólo te haces viejo sino maduro, entonces puedes empezar a ver lo que cargas.

Observa con cuidado y encontrarás miedo tras todo eso. Cualquier cosa conectada con el miedo, una persona madura la desechará. Así es como se logra la madurez. Observa todos tus actos, tus creencias y resuelve si están basados en la realidad o la experiencia, o en el miedo. Y todo lo que esté basado en el miedo tiene que ser descartado inmediatamente sin pensarlo. Es tu armadura.

✳

Tu armadura psicológica no puede serte arrebatada, tendrás que luchar Sólo tú puedes hacer algo para desecharla, observando cada parte de ella. Si su fundamento es el miedo, entonces descártala. Si su fundamento es la razón, la experiencia o el entendimiento, entonces no hay que desecharla, sino hacerla parte de tu ser.

Pero no encontrarás una sola parte en tu armadura basada en la experiencia. Toda ella está basada en el miedo, de la A a la Z.

Y siempre estamos viviendo con miedo, por eso envenenamos todas nuestras experiencias. Si amamos a alguien por miedo, eso está echado a perder, envenenado. Si buscamos la verdad por miedo, entonces nunca la encontraremos.

Recuerda: cualquier cosa que hagas, si la haces por miedo, no te dejará crecer, sólo te encogerá y morirás. El miedo está al servicio de la muerte.

✳

Una persona sin miedo tiene todo lo que la vida quiere darle como un regalo. Entonces no hay obstáculo, puedes recibir los regalos, y para lo que hagas tendrás fuerza y un gran sentido de autoridad.

✳

Tienes que entender el proceso de identificación, cómo es que uno se identifica con lo que no se es. Ahora estás identificado con la mente. Piensas que eres eso. De ahí viene el miedo. Al estar identificado con la mente, es

natural que creas que al detenerse ésta tú estarás acaba-
do, te desvanecerás. Y nada sabes de lo que hay más allá
de la mente.

La realidad es que no eres la mente, eres algo más
allá de ella, de ahí la necesidad de detener la mente
para que por primera vez veas que no puedes ser eso,
puesto que sigues existiendo.

La mente se extingue y tú permaneces, y con un gozo
mayor, más luz, más consciencia, más grandioso ser.

La realidad es que estamos solos y somos extraños; el
mundo será mucho mejor si aceptamos la verdad fundamental de que somos extraños.

¿Y qué hay de malo si nos enamoramos de un extraño? ¿Es necesario dejar de ser extraños para enamorarse?

Es una de las bellezas de la vida ser todos extraños, y
no hay forma de cambiar esta realidad. Es hermoso que
los extraños te amen, que sean tus amigos, que los tengas por todo el mundo. Así el mundo se vuelve un misterio, ¡es un misterio!

Es un hecho conocido que cuando te enamoras de un
hombre no te enamoras del hombre real, te enamoras
del hombre de tu imaginación. Cuando no estáis juntos
y lo ves sólo desde el balcón, o lo encuentras en la playa
por unos momentos, o le tomas la mano en el cine,

empiezas a pensar: «Estamos hechos el uno para el otro.» Pero nadie está hecho para el otro. Es tu imaginación proyectada sobre el otro, inconscientemente. Tú creas cierta aura alrededor del hombre y el otro la crea en torno a ti.

Todo parece ser tan bello porque lo haces bello, porque sueñas evitando la realidad. Y ambos tratáis de todas las formas posibles de no perturbar la imaginación.

Así pues, la mujer se comporta del modo que el hombre desea; el hombre se comporta como la mujer quiere. Pero esto lo puedes hacer sólo por unos minutos o unas horas como mucho. En cuanto os casáis y tenéis que vivir juntos veinticuatro horas al día, se vuelve pesado tratar de aparentar lo que no eres.

Sólo para satisfacer la imaginación del otro, ¿cuánto tiempo puedes actuar? Tarde o temprano esto te pesará y empezarás a vengarte. Empiezas a destruir todo lo que el otro ha inventado acerca de ti porque no quieres dejarte aprisionar, quieres ser libre para ser tú mismo.

Y la situación de la otra persona es la misma, quiere ser libre para ser ella misma. Y éste es el constante conflicto entre amantes y en todas las relaciones.

El amor permite la libertad. El amor permite al otro hacer lo que quiera hacer. Lo que sienta que está bien y le hace feliz, puede hacerlo, es su decisión.

Si amas a la persona, entonces no interfieras en su intimidad. Permítele conservar íntegra su vida privada. No trates de violar su ser interior.

El requerimiento básico del amor es: «Yo acepto a la otra persona tal como es.» Y el amor nunca trata de cambiarla de acuerdo con las ideas propias. No trata de recortar esto o aquello para reducirla a la dimensión deseada, lo cual se viene haciendo por todas las partes del mundo.

Si amas, entonces no hay condiciones que valgan.

Si no amas, entonces ¿quién eres tú para poner condiciones?

De cualquier forma está claro. Si amas, no pones condiciones. Amas al otro tal como es. Si no amas, tampoco hay problema, él no es nadie para ti; no hay por qué poner condiciones. El otro puede hacer lo que le plazca.

Si los celos desaparecen y el amor permanece, entonces tienes algo sólido en la vida que es valioso poseer.

Cuando compartes tu felicidad no creas ninguna prisión para nadie, simplemente das. Ni siquiera esperas gratitud porque estás dando debido a tu plenitud, tienes que dar.

Así, si alguno lo agradece, tú le agradeces también por haber aceptado tu amor, tu obsequio.

Él te ha ayudado a descargar la abundancia que compartes.

Y cuanto más compartes, más tienes; así no te vuelves avaro. No te produce temor de perder lo que tienes. De hecho, cuanto más pierdes más fluyen las frescas aguas del manantial de cuya existencia nunca antes fuiste consciente.

Si toda la existencia es una y la existencia cuida los árboles, los animales, las montañas, los océanos —desde la más pequeña hoja de hierba hasta la estrella más grande—, entonces ella cuidará de ti también.

¿Por qué ser posesivo? La posesión demuestra sólo una cosa: que tú no puedes confiar en la existencia. Tienes que arreglar una seguridad particular para ti, una salvación para ti; no puedes confiar en la existencia.

No tener sentido de posesión es básicamente confiar en la existencia.

No hay necesidad de poseer, puesto que el todo es nuestro ya.

Abandona la idea de que el apego y el amor son la misma cosa. Son enemigos. Es el apego lo que destruye todo amor.

Si alimentas, si nutres el apego, el amor será destruido. Si alimentas y nutres el amor, el apego caerá por sí mismo.

Amor y apego no son uno, son dos entidades separadas y antagónicas.

Y recuerda siempre la regla básica de la vida: si adoras a alguien, un día te vengarás.

Tienes que estar alerta para no ser manipulado por alguien, aun cuando sea con buena intención. Tienes que salvarte de tanta gente bien intencionada, de tantos bienhechores que están constantemente aconsejándote ser tal o cual cosa. Escúchalos y agradéceles; no quieren hacerte daño, pero daño es lo que resulta.

Sólo escucha tu propio corazón.

Ése es tu único maestro.

La gente te ha juzgado y tú has aceptado su idea sin escrutinio. Estás sufriendo por toda clase de juicios ajenos y tú arrojas esos juicios sobre otra gente. Este juego se ha salido de toda proporción y la humanidad entera está sufriendo por ello.

Si quieres salirte de esto, lo primero es: no te juzgues a ti mismo. Acepta humildemente tu imperfección, tus faltas, tus errores, tus flaquezas. No hay necesidad de pretender lo contrario. Sé sólo lo que eres: «Es así como soy, lleno de miedo. No puedo entrar en la oscuridad de la noche, en la selva espesa...» ¿Qué hay de malo en eso? Es simplemente humano.

Una vez que te aceptes serás capaz de aceptar a otros, porque tendrás una clara visión de que ellos están sufriendo de la misma enfermedad. Y la aceptación les ayudará a aceptarse a sí mismos.

Podemos revertir todo el proceso: te aceptas a ti mismo; eso te hace capaz de aceptar a otros. Y porque alguien los acepta, los otros aprenden la belleza de la aceptación por vez primera —la paz que se siente— y empiezan a su vez a aceptar a otros.

Si toda la humanidad llega al punto en el que cada uno es aceptado tal cual es, aproximadamente un noventa por ciento del sufrimiento desaparecerá —no tiene fundamento—, los corazones se abrirán por sí mismos y el amor fluirá.

La verdad es siempre pura, desnuda, solitaria. Y hay ahí una gran belleza, porque la verdad es la esencia misma de la vida, de la existencia, de la naturaleza.

Excepto el hombre, nadie miente. Un rosal no puede mentir, tiene que producir rosas; no puede producir caléndulas, no puede engañar. No le es posible ser otra cosa que lo que es. Excepto el hombre, la existencia entera vive en la verdad.

La verdad es la religión de la existencia, menos para el hombre. Y en cuanto el hombre también decide hacerse parte de la existencia, la verdad se vuelve su religión.

Y ésta es la mayor revolución que le puede suceder a cualquiera. Es un momento glorioso.

Tú no ves el mundo tal cual es, lo ves como tu mente te fuerza a verlo. Y esto lo puedes observar en todo el mundo.

Diferentes personas están condicionadas de modos diferentes, y la mente no es más que los condicionamientos. Ven las cosas de acuerdo con sus condicionamientos, y éstos tienen cierto color.

Hacemos distinciones. Hacemos que alguien sea superior y alguien inferior; el hombre es más poderoso, la mujer menos; alguno es más inteligente, alguno lo es menos. Hay razas que han venido proclamando el ser las elegidas de Dios. Cada religión asegura que su libro ha sido escrito por Dios mismo. Todas esas cosas, capa sobre capa, hacen tu mente.

A menos que seas capaz de apartar toda la mente y ver el mundo directamente, de inmediato, con tu conciencia, nunca serás capaz de ver la verdad.

En este mundo, el valor más grande es deponer la mente. El más valiente es aquel que puede ver el mundo sin la barrera de la mente, tal como es. Es absolutamente diferente, extremadamente hermoso. No hay nadie inferior ni nadie superior; no hay distinciones.

❋

Comúnmente pensamos que los intelectuales son gente inteligente. Eso no es verdad. Los intelectuales viven sólo de palabras muertas. La inteligencia no puede hacer eso. La inteligencia descarta la palabra —es un cadáver— y sólo toma su esencia.

El camino del hombre inteligente es el camino del corazón, pues el corazón no está interesado en palabras, está interesado sólo en la sustancia que contienen los recipientes de las palabras. No colecciona recipientes, simplemente bebe el zumo y arroja el recipiente.

Para mí, el hombre religioso no es aquel que está más allá de la naturaleza, sino aquel que es totalmente natural, plenamente natural; que ha explorado la naturaleza en todas sus dimensiones, que no ha dejado nada sin explorar.

Uno tiene que vivir una vida natural para llegar a una muerte natural. La muerte natural es la culminación de una vida vivida naturalmente, sin ninguna inhibición, sin ninguna depresión, como lo hacen los animales, los pájaros, los árboles, sin división alguna. Una vida de abandono, permitiendo a la naturaleza fluir a través de ti sin ninguna obstrucción de tu parte, como si estuvieras ausente y la vida se moviera por cuenta propia.

Más que vivir tú, la vida te vive, tú eres secundario. Entonces la culminación será una muerte natural.

La muerte reflejará la culminación última, el crescendo de toda tu vida. En forma condensada, es todo lo que has vivido.

Así que sólo unos cuantos en el mundo han muerto de forma natural, ya que sólo muy pocos han vivido de forma natural.

Tenemos miedo de la muerte porque sabemos que vamos a morir y no queremos morir. Queremos conservar los ojos cerrados. Queremos vivir en un estado en el que «todos van a morir menos yo». Ésa es la psicología normal de todos: «Yo no voy a morir.»

Mencionar la muerte es un tabú. La gente se aterroriza pues le recuerda su propia muerte. Están tan entretenidos con trivialidades y la muerte se aproxima. Quieren esas trivialidades para mantenerse ocupados. Esto funciona como una cortina: ellos no van a morir, por lo menos ahora, más adelante, y «cuando esto suceda, ya veremos».

Al aceptar la vida en su totalidad aceptas también la muerte, eso es el descanso. Todo el día has trabajado, ¿quieres el descanso en la noche, o no? El cotidiano dormir te rejuvenece, te hace otra vez capaz de funcionar más eficientemente. Todo el cansancio se va, eres otra vez joven.

La muerte hace esto en un nivel más profundo. Cambia el cuerpo, pues ahora el cuerpo no puede ser rejuvenecido por el sueño común, ha envejecido demasiado. Necesita un cambio drástico, un cuerpo nuevo. Tu energía vital quiere una nueva forma. La muerte es simplemente un sueño para que puedas obtener de manera fácil una forma nueva.

❋

El hombre que vive con miedo está siempre temblando interiormente. Está constantemente al borde de la locura, pues la vida es grande, y si se es miedoso uno se encontrará con toda clase de miedos.

Puedes hacer una larga lista y te sorprenderá encontrar tantos, ¡sin embargo, estás aún vivo! Hay infecciones por dondequiera, enfermedades, peligros, raptos, terrorismo... y tan pequeña es la vida. Y al final, la muerte, que no puedes evitar. Tu vida se volverá sombría.

Abandona el miedo. El miedo lo has adquirido inconscientemente en tu niñez. Ahora, conscientemente, suéltalo y sé maduro. Y entonces la vida puede ser una luz que se intensifica a medida que creces.

❋

La responsabilidad no es un juego. Es una de las formas más auténticas de vivir; y más peligrosa también.

❋

Para mí, la desobediencia es una gran revolución. Esto no significa que deba decirse un no absoluto en cualquier situación; simplemente significa que hay que decidir si algo debe hacerse o no, si es beneficioso o no. Esto es tomar la responsabilidad sobre tus hombros.

✲

A menos que conozcas la verdad de tu ser, nunca sentirás la gran bendición de la vida. Nunca serás capaz de inundarte de gozo sólo por el hecho mismo de la existencia.

Si no puedes experimentar la verdad, no serás capaz de conectarte con este vasto cosmos que es tu hogar. Te ha dado el nacimiento y tiene grandes esperanzas en ti, de que llegarás a crecer hasta las cimas últimas de la conciencia. No hay otro camino.

✲

El intelecto es pensamiento, y la consciencia se descubre en un estado sin pensamientos, tan extremadamente silencioso que ni siquiera un pensamiento lo perturba. En ese silencio se descubre el propio ser, que es vasto como el cielo. Y saber esto es saber realmente algo valioso; de otra forma, todo tu conocimiento es basura.

Tu conocimiento puede ser útil, práctico, pero no va a ayudarte a transformar tu ser. No puede llevarte a la plenitud, a la satisfacción, a la iluminación, al punto en que puedas decir: «He llegado a casa.»

✲

No existe hogar, a menos que lo encontremos en nosotros mismos.

✳

Dar amor es la experiencia real y hermosa, porque entonces eres un emperador. Recibir amor es una experiencia muy pequeña, es la experiencia del mendigo.

No seas un mendigo. Por lo menos, en lo que al amor se refiere, sé un emperador, pues el amor es una cualidad inextinguible en ti, puedes seguir dando tanto como gustes. No te preocupes de que pueda agotarse, de que un día te encuentres de repente con que: «¡Dios mío, no tengo más amor para dar!»

✳

El amor no es una cantidad, es una calidad, y una calidad de tal categoría que crece al darla y muere si la retienes. Si eres avaro con él, muere. ¡Así que sé un derrochador! No importa a quien des. Esa es realmente la idea de la mente avariciosa: «Daré amor a ciertas personas de ciertas cualidades.»

No entiendes que tienes tanto, que eres como una nube; a la nube cargada de lluvia no le importa dónde va a llover —en las rocas, en los jardines, en el océano—, eso no importa. Quiere descargarse, y esa descarga es un tremendo alivio.

Así que el primer secreto es: no pidas amor, no esperes para amar hasta que alguien te lo pida, ¡dalo!

*

La cosa más importante que hay que recordar es que, cuando te sientas bien, en estado de éxtasis, no empieces a pensar que éste va a ser tu estado permanente.

Vive el momento con júbilo, tan gozosamente como te sea posible, sabiendo perfectamente que ha venido y se irá, tal como la brisa entra en tu casa, con toda su fragancia y frescura, y sale por la otra puerta.

Si empiezas a pensar en hacer permanentes tus momentos de gozo, estás ya empezando a destruirlos. Cuando vengan, agradécelos; cuando se vayan, queda agradecido con la existencia. Permanece abierto. Esto sucederá muchas veces. No juzgues, no escojas, permanece neutral.

Sí, habrá momentos en que te sientas desgraciado. ¿Y qué? Hay gente que sufre y no ha tenido un solo momento de gozo. Eres afortunado.

Incluso en tu sufrimiento, recuerda que esto no será permanente; también pasará. Así que no te dejes perturbar demasiado. Permanece tranquilo. Tal como el día y la noche, hay momentos de gozo y momentos de tristeza. Acéptalos como parte de la dualidad de la naturaleza, como la propia forma de ser de las cosas.

Y eres simplemente un testigo. Ni te conviertes en la felicidad ni te conviertes en la tristeza. La felicidad va y viene. Algo permanece siempre allí, por siempre jamás, y es el testigo, el que observa.

*

La meditación se ocupa del centro esencial de tu ser, el cual no puede ser dividido en masculino y femenino. La conciencia es simplemente conciencia.

Un espejo es un espejo, no es masculino ni femenino, simplemente refleja. La conciencia es exactamente como un espejo que refleja.

Y la meditación permite a tu espejo reflejar —simplemente reflejar— la mente en acción, el cuerpo en acción. No importa que sea un cuerpo de hombre o de mujer; no importa cómo funcione la mente, emocional o lógicamente.

En cualquier caso, la conciencia tiene simplemente que estar alerta.

Ese estado de alerta, esa consciencia, es la meditación.

Poco a poco permanece centrado cada vez más en el observador. Habrá días y habrá noches, habrá vidas y habrá muertes, habrá éxitos y habrá fracasos, pero si estás centrado en el observador —puesto que ésa es la única realidad en ti—, todo viene a ser un fenómeno pasajero.

Sólo por un momento trata de sentir lo que te digo: sé un testigo. No te apegues al momento porque éste sea hermoso, ni lo alejes porque sea doloroso. Deja de hacer esto. Esto es lo que has hecho por vidas y aún no has tenido éxito, ni lo tendrás nunca.

La única forma de trascender es permanecer fuera, encontrar un lugar desde donde uno pueda observar todos estos fenómenos cambiantes sin identificarse con ellos.

La experiencia viene y va, no confíes en ella. A menos que hayas encontrado al experimentador que es quien siente el bienestar, la tristeza; aquel que es la consciencia.

Deben hacerse todos los esfuerzos para alcanzar el íntimo centro del ciclón. Tu vida toda es un ciclón de cambios, de escenas cambiantes, de colores cambiantes; pero justo en medio del ciclón hay un centro silencioso. Ese eres tú.

En cuanto te identificas con una idea, ya estás enfermo. Toda identificación es una enfermedad mental.

De hecho, tu mente es la enfermedad.

Descartar la mente y sólo mirar silenciosamente la realidad —sin ningún pensamiento, sin ningún prejuicio— es una forma sana de relacionarte con la realidad. Y te encontrarás con una realidad totalmente diferente.

El encuentro con lo real te liberará de muchas estupideces, muchas supersticiones. Limpiará tu corazón de todo tipo de inmundicias que durante generaciones se han venido acumulando en ti. Las enfermedades van de generación en generación, y tú heredas el pasado entero con todas sus ideas estúpidas. De otra forma, no hay distinción, no hay comparación.

Y en cuanto te liberas de hacer comparaciones y distinciones, te vuelves ligero, toda tu existencia se aligera. Pierdes todo peso. Te vuelves tan ligero que puedes abrir tus alas y volar.

✳

Todas las cosas pasan, pero tú permaneces, tú eres la realidad. Todo no es más que un sueño. Hay sueños hermosos, hay pesadillas. Pero no importa si éste es un sueño hermoso o una pesadilla, lo que importa es aquel que está observando el sueño.

El observador es la sola realidad.

El observador es algo absolutamente eterno.

Con un poco que esto se vislumbre, los problemas empiezan a desaparecer; porque surge una perspectiva totalmente nueva, una nueva visión, una nueva forma de vida, una nueva forma de ver las cosas, la gente, la situación.

Y el observador está siempre presente, las veinticuatro horas del día. Cualquier cosa que hagas o no hagas, ahí estará. Ha estado ahí durante siglos, toda la eternidad, esperando que tú lo notes. Quizá porque ha estado ahí siempre es por lo que lo has olvidado. Lo obvio se olvida siempre, recuérdalo.

Cuando sientas bienestar, euforia, recuérdalo.

Cuando tengas sufrimiento, angustia, recuérdalo.

En todos los climas, en todos los estados de ánimo, continúa recordándolo.

Pronto serás capaz de permanecer centrado en él, no habrá necesidad de recordarlo. Y ése es el día más grande en la vida de uno.

Yo os digo: no hay mal ni hay fuerzas del mal en el mundo. Hay sólo gente consciente y gente completamente dormida, y el sueño no tiene fuerza.

Toda la energía está en manos de la gente despierta. Y una persona despierta puede despertar al mundo entero. Una vela encendida puede encender millones de velas sin perder su luz.

El sufrimiento nutre tu ego; es por lo que ves a tanta gente sufriente en el mundo. El punto central y básico es el ego.

*

Para entender el amor, primero debes ser amoroso; sólo entonces puedes entenderlo. Millones de personas sufren: quieren ser amados, pero ellos no saben amar. Y el amor no puede existir como un monólogo, es un diálogo, un diálogo muy armonioso.

No es lo que te da la gente lo que te satisface, es lo que tú le das lo que te da satisfacción. No es el ser un mendigo lo que te contenta, es el ser un emperador. Y el amor, cuando lo das, te hace un emperador.

Puedes dar tanto, inagotablemente, que cuanto más

das, más refinado, más cultivado, más perfumado se vuelve tu amor.

*

En cuanto entiendes lo que es el amor —que experimentas lo que es el amor—, te vuelves amor. Entonces no tienes necesidad de ser amado, ni sientes la necesidad de ser amoroso; amorosa será tu simple y espontánea existencia, tu respiración misma.

No puedes hacer nada más que ser simplemente amoroso.

Ahora, si en respuesta no te llega el amor, no te sentirás lastimado, por la simple razón de que sólo la persona que se ha hecho una con el amor puede amar. Sólo lo que se tiene puede darse.

Pedir a la gente que te ame —gente que no ha amado en su vida, que no ha llegado a la fuente de su vida donde el amor tiene su altar, ¿cómo puede amarte? Puede fingir. Puede decir que lo hace, pero tarde o temprano se sabrá que es una pretensión, sólo una actuación, una hipocresía.

Puede no ser un engaño intencionado, pero ¿qué puede hacer una persona? Tú pides amor y la otra persona también quiere amor. Ambos entienden que se espera que uno ame para poder ser así amado, y de este modo los dos están tratando de hacer. Esto es una actitud, pero una actitud vacía. Ambos lo descubrirán y ambos se quejarán de ello, uno contra el otro, de que eso no está bien.

Desde el mismo comienzo eran dos mendigos mendigando uno del otro, y ambos tenían sólo las escudillas de la limosna vacías.

El ego es la mayor atadura, el único infierno que conozco.

Aquellos que han encontrado la fuente del amor dentro de sí, no tienen necesidad de ser amados; pero serán amados.

Amarán por la sola y simple razón de que tienen demasiado; así como la nube quiere llover, como una flor quiere esparcir su fragancia, sin ningún deseo de obtener nada. La recompensa del amor está en el amar mismo, no en obtener el amor.

Y éstos son los misterios de la vida, que si una persona se siente recompensada sólo porque ama, muchos le amarán a él, pues al estar en contacto con él éstos encontrarán poco a poco la propia fuente del amor dentro de sí mismos. Ahora han conocido al menos a una persona que irradia amor no porque tenga alguna necesidad. Y cuanto más irradia y comparte su amor, más crecerá éste.

No pienses en la verdad como un objeto. Ella no está allá, está aquí.

*

La mente funciona como un dilema: «Éste o aquél.» O éste es correcto, o su opuesto lo es. Ambos no pueden estar en lo cierto, por lo que concierne a la lógica, al raciocinio de la mente.

Si para la mente es «eso o aquello», entonces para el corazón es «esto y aquello».

El corazón no tiene lógica, sino sensibilidad, perceptibilidad. Puede ver que no sólo pueden ambos estar unidos, sino que de hecho no son dos; es sólo un fenómeno visto en diferentes aspectos.

Y si hay que escoger entre la mente y el corazón, el corazón siempre tiene razón, porque la mente es una creación de la sociedad. Ha sido educada; te ha sido dada por la sociedad, no por la existencia.

El corazón es impoluto; es existencia pura; por tanto, tiene sensibilidad.

Mira desde el punto de vista del corazón y las contradicciones empiezan a derretirse como hielo.

*

Yo os digo: para ser uno con el universo, hay que desaparecer y dejar que la existencia fluya.

Tú tienes sólo que estar ausente para que la existencia pueda estar presente en su totalidad. Pero la persona a quien yo digo que tiene que desaparecer no es tu realidad, es solamente tu personalidad; sólo una idea en ti.

En realidad, tú eres ya uno con la existencia. No puedes existir de ninguna otra forma, eres la existencia misma.

Pero la personalidad crea un engaño y te hace sentir separado. Puedes tú mismo creerte separado, la existencia te da total libertad incluso en contra de ella misma. Puedes creerte una entidad separada, un ego, y ésa es la barrera que te está impidiendo derretirte en la vastedad que te rodea a cada momento.

Al mirar una puesta de sol, justo por un instante olvidas tu separación: eres el ocaso. Ése es el momento en que sientes su belleza. Pero en el momento en que dices que es una hermosa puesta de sol, ya no lo estás sintiendo, has regresado a tu separada, encerrada entidad del ego. Ahora es la mente quien habla.

Y éste es uno de los misterios, que la mente puede hablar y no sabe nada, mientras que el corazón sabe todo y no puede hablar. Quizá el saber demasiado dificulta el hablar; la mente sabe tan poco que le es posible hablar. El idioma es suficiente para ella, pero no lo es para el corazón.

Sin embargo a veces, bajo el impacto de cierto momento —una noche estrellada, un amanecer, una flor hermosa—, justo por un momento te olvidas de que estás separado. E incluso olvidándolo, surge una portentosa hermosura y gozo.

✻

En la vida nada es permanente; nada puede serlo. No está en tu mano hacer ninguna cosa permanente. Sólo las cosas muertas pueden serlo. Cuanto más viva sea una cosa, más huidiza será.

Hoy está aquí el amor, mañana no sabe uno si estará. No está en tus manos el control, es algo que sucede. No puedes hacer nada, no puedes crearlo si es que no está. O bien está ahí o no está; tú simplemente te encuentras desvalido.

Las piedras puede que sean permanentes, las flores no lo pueden ser.

Y el amor no es una piedra, es una flor, y de excepcional calidad.

✻

El corazón es la trascendencia de la dualidad. El corazón ve las cosas claramente, y el amor es su cualidad natural, no es algo que se deba ejercitar. Y este amor no tiene al odio como contrapartida.

✻

Tú eres capaz de ir más allá de la dualidad «amor-odio». Por ahora éstos van de la mano en tu vida. Amas a la misma persona que odias; así que por la mañana es odio, y por la tarde es amor, y esto es algo muy confuso. Ni siquiera entiendes cuándo amas a la persona o cuándo la odias, pues lo haces a diferentes horas.

Pero es así como la mente funciona: a través de las contradicciones. La evolución también funciona por medio de oposiciones, pero esas oposiciones en la existencia no son contradictorias, sino complementarias.

El odio es también una clase de amor puesto cabeza abajo.

El amor que viene de la mente es siempre «amor-odio». No son dos palabras, es una: «amorodio», sin siquiera un guión que las divida. Pero el amor que viene del corazón está más allá de las dualidades.

Todos están en busca de ese amor que trasciende amor y odio, pero buscan con la mente, por lo cual sufren. Cada amante siente el fracaso, el engaño, la traición, pero nadie es culpable. La realidad es que usan el instrumento equivocado. Es como si alguien usara los ojos para oír música y se enfureciera porque no la escucha. Pero es que los ojos no están hechos para escuchar, así como tampoco los oídos para ver.

La mente es un mecanismo muy práctico, calculador, no tiene nada que ver con el amor. El amor sería un caos, lo perturbaría todo.

El corazón no tiene nada que ver con los negocios, siempre está en día de fiesta. Puede amar, y puede hacerlo sin trocar su amor por odio; no tiene el veneno del odio.

Todos están en su busca, pero mediante un instrumento equivocado; he aquí el fracaso en el mundo. Y poco a poco, al ver que el amor sólo trae sufrimiento, la gente se cierra: «El amor es una tontería», y crean una barrera espesa contra él. Pero entonces se pierden todas las alegrías de la vida, se pierde todo lo que es valioso.

La amistad es el amor más puro. Es la suprema forma de amor, cuando nada se pide ni se ponen condiciones, cuando uno simplemente disfruta dando. Uno obtiene mucho, pero eso es secundario y sucede espontáneamente.

Vivir sin futuro es el valor más grande. Sólo los cobardes viven en el futuro.

El pasado del hombre ha sido muy cobarde. Se ha vivido, no en el presente, sino en el futuro: «Todo lo que tiene que suceder, sucederá mañana.» Y en esa esperanza la gente ha vivido y ha muerto. Lo que esperaba nunca llegó, resultó ser un *Esperando a Godot*.

El presente ha permanecido inexplorado, no vivido, y esa es la única realidad existente.

Cualquiera que sea la muerte a la que aspires, deja primero que tu vida sea así, pues la muerte no está separada de la vida.

La muerte no es el final de la vida, sino sólo un cambio.

La vida continúa, ha continuado, continuará siempre. Pero las formas se vuelven inútiles, viejas, más bien una carga que un goce, y entonces es mejor dar a la vida una nueva y fragante forma.

La muerte es una bendición, no una maldición.

El método más simple para la meditación es sólo una forma de observar. Hay ciento doce métodos de meditar, pero la observación es una parte esencial de todos estos métodos. Así que, en lo que a mí concierne, la observación es el único método. Esos ciento doce métodos son diferentes aplicaciones de la observación.

El punto esencial, el espíritu de la meditación, es aprender a ser un testigo.

Cuando miras un árbol tú estás aquí, el árbol también, pero ¿acaso puedes ver algo más? Puedes ver que estás mirando el árbol, que hay un testigo en ti que está mirando que miras el árbol.

El mundo no está dividido sólo en objeto y sujeto, hay también algo más allá de ambos; ese más allá es la meditación.

Carecer de hogar es ser libre, es la libertad. Significa que no hay apegos, ni obsesión por algo que está fuera; que no necesitas tener calor del exterior, pues tu calidez está dentro de ti. Eres la fuente del calor, no necesitas más. Así que cuando estás sin hogar, curiosamente estás en casa.

✳

La gente que está en búsqueda de un hogar está siempre cayendo en la desesperación y finalmente va a sentir: «Hemos sido defraudados. La vida nos ha defraudado, pues nos dio el deseo de encontrar un hogar y no hay para nada un hogar, simplemente no existe.»

Tratamos de hacer un hogar de todas las formas posibles: encontrando un marido, una esposa, trayendo hijos al mundo...

Uno trata de formar una familia, ése es el hogar psicológico.

Uno no hace solamente una casa, sino que trata de hacerla casi como una entidad viviente.

Una persona trata de hacer su casa de acuerdo con sus sueños, que será la culminación de lo cálido, en medio de esta frialdad...

Y es vasta la frialdad de la existencia. El universo entero es tan frío, tan indiferente, que quieres crear un pequeño refugio para ti, donde sientas que te cuidan, que alguien te protege, que algo te pertenece, que eres dueño de algo y no un vagabundo sin hogar.

Pero en la realidad, esta clase de idea va a darte sufrimiento, porque algún día encontrarás que tú y el marido con quien has vivido, la esposa con quien has vivido, sois extraños. Incluso después de vivir juntos cincuenta años, lo extraño no ha desaparecido; por el contrario, se ha profundizado. Vosotros erais menos extraños el primer día en que os encontrasteis.

Conforme el tiempo pasa y estáis juntos, más y más os convertís en extraños, pues os conocéis uno a otro cada vez más y no llegáis a entender quién es la otra persona. Cuanto más conoces, menos sabes. Parece que cuanto más convives con una persona, más cuenta te das de que tu ignorancia acerca del otro es absoluta; no hay manera de superarla.

Tus hijos, habías pensado que eran tuyos y un día te encuentras que no son tus hijos. Has sido sólo el medio a través del cual ellos han venido. Tienen su propia vida, son absolutamente extraños. No te pertenecen. Encontrarán sus propios caminos y su propia vida.

¿Quién está contigo?

Nadie está contigo.

Estás siempre en la multitud, pero solo. Si estás solo o en medio de la multitud, no hay diferencia; en tu hogar o peregrinando, no hay diferencia.

Para el ego, la soledad nunca es un gozo. El ego disfruta sólo cuando subordina a alguien, cuando puede decir: «Soy superior a ti, más grande que tú.»

El ego nunca disfruta de la soledad; en soledad, ¿cuál es la importancia de tener un ego?

✳

Vive y ama. Ama totalmente, intensamente, pero nunca en contra de la libertad. La libertad debe ser el más alto de los valores.

✳

Hemos aprendido continuamente que el amor es una relación, así que nos hemos acostumbrado a la idea. Pero eso no es verdad. Ése es el amor más bajo, muy contaminado.

El amor es un estado del ser.

✳

Cada vez que uno vislumbra algo de la verdad, hay una danza en el corazón. El corazón es el único testimonio de la verdad.

Y no puede atestiguar con palabras.

El corazón puede dar testimonio a su manera: a través del amor, a través de la danza, tocando música, no verbalmente. Habla, pero no lo hace con palabras ni lógica.

✳

El tiempo es siempre incierto. Esta es la dificultad con la mente: la mente quiere certeza, y el tiempo es siempre incierto.

Así que, cuando la mente encuentra por casualidad un pequeño espacio de certeza, se siente segura, rodeada de una especie de permanencia ilusoria. Tiende a olvidar la naturaleza real de la existencia y la vida; empieza a vivir en una especie de mundo soñado que empieza a tomar apariencia de realidad.

Es una buena sensación para la mente porque le atemorizan los cambios, por la simple razón de ¿quién sabe lo que éstos traerán? Bueno o malo. Una cosa es segura, que los cambios desacomodarán tu mundo de ilusiones, esperanzas, sueños.

La mente es como un niño jugando en la playa, haciendo castillos de arena. Por un instante parece que el castillo está listo, pero está hecho de arena movediza. En cualquier momento vendrá una leve brisa y lo tirará al suelo. Pero empezamos a vivir en ese castillo soñado. Empezamos a sentir que hemos encontrado algo que para siempre permanecerá con nosotros.

Pero el tiempo continuamente sigue perturbando la mente. Parece duro, pero en verdad es la gran compasión de la existencia para que permanezcas siempre contigo. No te permite hacer reales las apariencias. No te da la oportunidad de aceptar máscaras en vez de tu propia cara, tu cara original.

La gente piensa que el permanecer firme en sus principios le da cierta fuerza. Se equivoca. Esto simplemente absorbe toda su fuerza. Es la gente más débil de la tierra.

Ellos son como niños que crecen y siguen usando los mismos pijamas que cuando eran bebés. Ahora se ven ridículos, se sienten en dificultades. Tienen que *ajustarlos* todo el tiempo porque se les caen y la gente se ríe de ellos.

No, a medida que creces, tus pijamas también deben crecer. Pero como los pijamas no crecen, tienes que *cambiarlos*.

Así que no veo ningún problema. Pero puedo ver que no es sólo la situación de una sola persona, millones viven de esta forma. Se hacen una estricta disciplina y entonces se meten en dificultades. Nadie les impone estas dificultades, son sus propios principios. Si los abandonan, se sienten mal; si los siguen, sufren.

Yo te muestro claramente una vida sin principios, una vida de inteligencia que cambie con cada cambio que te circunde, sin que tengas un principio que te cree dificultades para cambiar. Permanece absolutamente falto de principios y obedece sólo a la vida, y no habrá sufrimientos en tu vida.

Debemos estar desconectados del pasado, éste ha sido completamente enfermizo. El hombre ha vivido una vida muy enferma porque creó una filosofía enfermiza y luego la siguió muy seriamente.

Debemos desconectarnos de esa enfermedad —por más respetable y antigua que sea— y redescubrir la totalidad del hombre.

Y eso puede hacerse sólo cuando reunamos lo juguetón con lo reverente; cuando el juego se vuelva una profunda reverencia; cuando la reverencia no te lleve a morir, a renunciar, sino que te conduzca al regocijo, a la danza, a la celebración.

Vive como un guerrero, de un modo u otro, pero sin arreglos de conveniencia.

Es mejor ser vencido siendo total que ser victorioso por medio de transacciones. Esa victoria no te daría sino humillaciones, y la derrota sin componendas incluso puede darte dignidad.

La vida es misteriosa, pues algunas veces la victoria es vergonzosa y la derrota digna, porque uno no ha actuado por conveniencia.

En una relación, ser comprensivo significa que tú puedes estar equivocado y la mujer puede estar en lo cierto. No hay garantía de que sólo por ser hombre tienes ya el poder y la autoridad para estar en lo cierto. Ni la mujer lo tiene.

Si fuéramos tan sólo un poco más humanos y amistosos, podríamos decirnos uno a otro: «Lo siento.» ¿Y cuáles son las cosas por las que peleas? Tan pequeñas, tan triviales, que si alguien te las preguntara te avergonzarías.

Abandona la idea de que todo tiene que acomodarse, de que todo tiene que estar en total armonía, pues eso no es bueno. Si todo se acomodara os aburriríais uno de otro. Si todo estuviera en armonía, se perdería toda la chispa de las relaciones.

Es bueno que las cosas no encajen. Es bueno que haya siempre un espacio para tener siempre algo que explorar, algo que superar, algún puente que construir.

Toda nuestra vida puede ser una intensa exploración de uno hacia el otro si es que aceptamos las diferencias, la unicidad esencial de cada individuo, y no hacemos del amor un tipo de esclavitud, sino una amistad.

La mente sólo funciona con lo esperado, lo conocido. Cuando hay algo inesperado, desconocido, entonces se detiene. Y el detenerse de la mente es el sonido de una sola mano aplaudiendo.

Es el silencio.

¿Quién va a enseñarte a sentarte en silencio? Ésa es la cosa más difícil en el mundo.

Puedes hacer todo muy fácilmente, pero lo más fácil —sentarse en silencio— parece ser lo más difícil.

El amor tiene que ser un asunto amistoso en el cual nadie es superior, nadie decide las cosas; en el que ambos están plenamente conscientes de que son diferentes, de que su enfoque hacia la vida es diferente, que piensan diferente, y sin embargo —aun con estas diferencias— se aman. Entonces no habrá problemas.

Los problemas son creados por nosotros.

No trates de crear algo sobrehumano. Sé humano, y acepta la humanidad de la otra persona, con todas las flaquezas de la humanidad. El otro cometerá errores tanto como tú los cometes, y ambos tenéis que aprender.

Estar juntos es un gran aprendizaje: perdonando, olvidando, entendiendo que el otro es tan humano como lo eres tú. Sólo un poco de perdón...

Cuando la gente habla quiere imponerte su opinión. Esto es tratar de implantar un imperio sutil. Cuando la gente habla quiere adoctrinarte, pues los que tienen una doctrina, en el fondo temen que ésta pueda ser verdadera o no.

La única forma que tienen de saber si es verdadera es cuando, al adoctrinar a mucha gente, pueden ver en sus ojos la convicción, la conversión. Entonces se sienten tranquilos, porque la aritmética es: «Si tantos encuentran deleite en lo que les digo, entonces debe de haber alguna verdad en ello.»

La gente habla a los otros para ellos mismos poder creer en lo que dicen.

✳

La amistad puede ser de dos tipos. Una es la amistad en la que eres un mendigo: necesitas algo del otro para aliviar tu soledad. El otro es también un mendigo, quiere lo mismo de ti. Y, naturalmente, dos mendigos no pueden ayudarse uno al otro.

Pronto verán que pedirle a un mendigo, dobla o multiplica su necesidad, en vez de un mendigo ahora son dos. Y si, desafortunadamente, tienen hijos, entonces ya hay una compañía completa de mendigos, que piden sin que haya nadie que dé.

Así que cada uno está frustrado y fastidiado, y cada uno se siente defraudado. De hecho, nadie engaña ni nadie es defraudado, puesto que ¿qué es lo que cada uno tiene para dar?

La otra clase de amistad, la otra clase de amor, tiene una calidad totalmente diferente. No es por necesidad, es que por tener tanto uno quiere compartir. Una nueva clase de júbilo ha entrado en tu ser —el de compartir—, de la cual no estabas siquiera consciente antes porque habías estado siempre pidiendo.

Cuando compartes, no hay problema de ataduras.

Fluyes con la existencia, fluyes con los cambios de la vida, pues no importa con quién compartas. Puede ser la misma persona mañana —toda tu vida la misma— o pueden ser otras diferentes.

No es un contrato, un matrimonio, es simplemente que por tu plenitud quieres dar. Así que darás a quienquiera que esté cerca de ti. ¡Y dar es tal gozo!

El hombre nace sin hogar, durante toda la vida permanece sin hogar, y muere sin hogar. Aceptar esta verdad proporciona una increíble transformación. Entonces ya no buscas tu hogar, pues ese hogar es algo que está allá, lejos, ajeno a ti. Y todos buscan un hogar. Cuando ves lo ilusorio de esto, en vez de buscar un hogar empezarás la búsqueda del ser que ha nacido sin hogar, cuyo destino es permanecer así. No hay forma de hacer un hogar.

Y éste es el milagro: en el momento en que te das cuenta de que no hay forma de hacerte un hogar, la existencia entera se vuelve hogar. Entonces, dondequiera que estés, estás en casa.

En un mundo de hábitos, todo es repetición. En el mundo de la consciencia no hay repetición.

En la vida, todo lo que es importante es absurdo.

✳

Ninguna persona inteligente está interesada en dominar a otros. Su primer interés es conocerse a sí mismo; así que la inteligencia de calidad superior se dirige hacia el misticismo, y la más mediocre, al poder. Ese poder puede ser mundano, político, lucrativo... Puede ser de dominio espiritual sobre millones de personas, pero la urgencia fundamental es dominar a más y más gente.

Esta urgencia surge porque no te conoces a ti mismo y no quieres admitirlo.

Tienes tal temor de darte cuenta de la ignorancia que prevalece en el propio centro de tu ser, que escapas de esta oscuridad por estos medios: amor al dinero, amor al poder, amor a la respetabilidad, el honor... Y el hombre que tiene oscuridad dentro de sí, puede hacer cualquier cosa destructiva.

La creatividad se hace imposible a tal persona, pues la creatividad es el resultado de que seas consciente, de que estés un poco alerta, de que tengas luz, amor. La creatividad no está interesada para nada en dominar a nadie; ¿para qué? El otro es el otro. Ni tú quieres dominarlo ni ser dominado por él.

La libertad es precisamente el sabor de estar un poco alerta.

✳

La libertad es tu florecimiento, el despuntar de tu loto ante el sol del alba, y a menos que eso te suceda no hallarás contentamiento, plenitud, la paz que se siente cuando uno vuelve a casa.

Y cada uno lleva su hogar dentro de sí mismo.

No tienes que ir a ninguna parte, tienes que detenerte, para así poder permanecer donde estás.

Solamente sé que en ese intenso silencio del ser se esconden todos los misterios de la existencia.

No busques un hogar porque no hay ninguno. Búscate a ti mismo, ¡porque hay uno!

El amor te ayuda a alcanzar el punto donde la confianza es posible. Sin amor, la confianza no es posible. El amor es casi como un puente que puede derrumbarse en cualquier momento; sin embargo, es un puente. Si lo usas, puede conducirte a la confianza, pero sin él no puedes llegar a la confianza directamente.

Así pues, el amor es una necesidad, pero en sí mismo no es suficiente. Su utilidad es la de ser un medio, el fin es la confianza.

En el momento en que confías y te dejas ir, en el momento en que dejas de luchar contra la existencia, entonces no tienes necesidad de preocuparte de nada. La existencia te cuida.

Todo el problema con la mente humana es que está constantemente en lucha, tratando de ir contracorriente. Hay una razón por la que lo hace; sólo yendo contracorriente se satisface el ego. Con sólo seguir el flujo de la vida, sin lucha alguna, dejando que la vida te conduzca a donde quiera, tu ego desaparecerá.

Tú serás, incluso serás más de lo que eres ahora —más auténtico, más verdadero—, pero no tendrás la sensación del «yo». Y entonces serás capaz de ver hacia dónde vas.

Incluso el camino que se traza con tu movimiento puede ser visto por los que no tienen ego. Uno puede ver las huellas de los pájaros volando en el cielo. No dejan huellas; pero cuando la mente está limpia del ego, el ser entero se vuelve un espejo tan limpio que incluso esas huellas se reflejan.

Una cosa sé: la existencia no tiene meta, y como parte de la existencia, yo no puedo tener meta alguna. En cuanto tienes una meta te segregas de la existencia. Entonces eres una gotita de rocío tratando de luchar contra el océano. Es una dificultad innecesaria, una lucha sin sentido.

En la confianza, todo lo que es hermoso en el amor está incluido. «Confianza» es quizá la palabra más hermosa del lenguaje humano. Y la confianza está tan cerca de la verdad que, si es total, en ese mismo instante se vuelve una verdad, una revelación, una revolución.

*

El amor es hermoso pero cambiante. Es hermoso, pero no se puede depender de él. Ahora está aquí, mañana se ha ido ya. El amor es más sustancioso que la confianza, es más natural, pero la confianza es una cualidad superior.

En los diccionarios, la palabra «confianza» está algo tergiversada; significa confiar en alguien que es digno de confianza. Es más objetivo confiar en él porque el hombre es digno de confianza. Esa no es tu cualidad; tu confianza depende de la cualidad de la persona. Y puesto que raramente encuentras a tu derredor gente de confianza, millones de personas han olvidado lo que es la confianza, no hay oportunidad de tenerla. Se necesita que haya personas dignas de confianza, y éstas no las encuentras por ningún lado.

Nadie confía en nadie, por lo que «confianza» se ha convertido en una palabra hueca, de la que no hay experiencia. Sólo es una palabra sin sustancia, sin sabor.

Cuando yo uso la palabra «confianza», es totalmente diferente, no quiero decir que confíes en alguien que sea digno. Eso no es confianza. Si el hombre es de confianza, no tienes ningún mérito. Cuando te digo «confía», te digo que confíes a pesar del hombre, así sea digno de confianza o no. De hecho, cuando no es digno, entonces el confiar —sólo así— te trae por vez primera algo nuevo que surge de tu conciencia. Y entonces la confianza será un fenómeno muy luminoso, mucho más elevado que el amor, pues entonces no se necesita nada del otro.

Solamente un ser independiente, totalmente autónomo, que vive en libertad, puede alcanzar la experiencia de la verdad.

Cuando tú dices «Te amo», hay una sutil corriente de posesión. Sin decirlo, se entiende que «ahora ya eres mi posesión, nadie más puede amarte».

En la confianza no existe la cuestión de poseer a la persona en quien confías. Al contrario, tú dices: «Por favor, poséeme; destrúyeme como ego. Ayúdame a desaparecer y a fundirme en ti para que no haya resistencia que se interponga contigo.»

El amor es una lucha constante, una pelea.

El amor exige.

«Yo te amo» significa: «Tienes que amarme también. De hecho, te amo sólo porque quiero que me ames.» Es un simple regateo. Por tanto hay temor de que: «No debes amar a nadie más y nadie debe amarte, porque no permito compañeros en mi amor, copartícipes.»

La mente inconsciente del hombre continúa pensando que el amor es una cantidad, que hay cierta cantidad de amor: «Si te amo, tú tienes que poseer toda la cantidad. Si amara a otra gente, entonces esa cantidad se distribuiría, no la tendrías por completo.»

Y de ahí los celos, el espionaje, las peleas, los reproches, todo lo feo que se esconde detrás de una hermosa palabra: «Amor.»

En la confianza no se trata de ninguna lucha. Es una auténtica rendición. Cuando tú dices «Confío en ti», significa: «Desde este momento se termina mi lucha contigo. Ahota soy tuyo.»

La confianza no es competitiva, por tanto no hay celos. Puedes confiar en mí y millones de personas pueden confiar en mí. En realidad, cuantos más confíen en mí, más feliz estarás. Te regocijarás de que mucha gente confíe en mí. No sucede así con el amor.

La confianza es ciertamente un valor superior al amor. En la confianza el amor está incluido, pero en el amor no está incluida la confianza. Cuando dices «Confío en ti», se entiende que amas.

Pero cuando dices que amas, la confianza no tiene nada

que ver. De hecho, tu amor es muy suspicaz, muy desconfiado, muy temeroso, siempre en guardia espiando a la persona amada. Los amantes se vuelven casi detectives. Se espían uno a otro.

El amor es bello si viene como parte de la confianza, pues la confianza no puede existir sin amor.

✳

Es cierto que cuando dices «Te amo», no es una entrega, no es una disposición para ser disuelto, para ser arrebatado por espacios desconocidos e incognoscibles. Cuando dices «Te amo», permaneces igual, y eso incluye cierta cualidad agresiva.

Pero cuando dices «Confío en ti», esto es una profunda rendición, una apertura, una receptividad, una declaración que haces a ti y al universo de que «Ahora, aunque este hombre me lleve al infierno, está bien, confío en él. Si me parece que estoy en el infierno, será mi falta de visión. Él no puede llevarme al infierno».

En la confianza siempre encontrarás la culpa en ti.

En el amor siempre encontrarás la culpa en aquel de quien estás enamorado.

En la confianza estás siempre —sin decirlo— en estado de pedir disculpa: «Soy ignorante, estoy dormido, inconsciente. Es posible que diga algo malo, que haga algo malo, así que sé condescendiente conmigo, tenme compasión.»

La confianza abarca tanto… ¡Es tal tesoro!

＊

En la jornada real de la vida, tu propia intuición es tu único maestro.

＊

Más que perseguir al objeto, persigue al sujeto que busca. Al encontrar al buscador, encontrarás repentinamente que la existencia toda es tu hogar, así que dondequiera que estés, estás en casa.

Sólo encontrándote a ti mismo encuentras que toda la existencia es tu casa.

＊

El mundo del «más» es el mundo del hombre común.

El mundo del no tratar de tener más, del no perseguir metas delante de ti, sino del sólo mirar el momento en que vives, quién eres, y sumergirte en el estado presente de tu consciencia, es la única revolución, la única religión y la única espiritualidad que existe.

Esta corta vida que has obtenido puede ser convertida en un paraíso.

Esta misma tierra es el paraíso de los lotos.

❋

Esta tierra es una, única, completa. Debemos estar orgullosos de que nuestro planeta, en este vasto universo con millones de sistemas solares que tienen millones y millones de planetas, nuestro planeta sea el único que ha evolucionado, no solamente en cuanto a la vida o la conciencia, sino por haber llegado al último florecimiento de la conciencia en gente como Gautama el Buda, Lao Tsé, Tilopa y muchos más.

Debemos estar orgullosos de este planeta Tierra.

❋

Cuando te digo que, excepto el hombre, todo es una verdad viviente —los océanos, las nubes, las estrellas, las piedras, las flores—, que todo no es nada sino verdad, nada sino lo que es, sin máscaras, que sólo el hombre es capaz de engañar a otros, de engañarse a sí mismo, hay que recordar que esto es una gran oportunidad. Esto no tiene que ser lamentado sino apreciado, porque aun cuando el rosal o el loto quisieran mentir, no pueden.

Su verdad no implica libertad, su verdad es una esclavitud. No pueden ir más allá de sus límites.

El hombre tiene la prerrogativa, el privilegio de faltar a la verdad. Significa que tiene la libertad de escoger. Si escoge ser verdadero, no está escogiendo la esclavitud, sino la verdad y la libertad. La libertad es su privilegio. En toda la existencia, nadie más tiene ese privilegio. Pero hay peligro cuando tienes oportunidades.

Cuando tienes libertad, puedes equivocarte. Ninguna rosa puede equivocarse, ninguna roca puede errar. Tú puedes equivocarte; es por esto que una conciencia profunda de cada acto, cada pensamiento, cada sentimiento, tiene que penetrar en ti.

Solamente el hombre necesita buscar la verdad; todos los demás seres ya la tienen, pero sin la gloria de la libertad. Tienes que buscarla, encontrarla, y en la propia búsqueda y hallazgo está tu gloria. Eres la coronación de la existencia.

El sufrimiento no es sino una elección. Escoges la experiencia del amor, el sentimiento del gozo, pero al escoger serás atrapado en un proceso natural. Te aferrarás a esos sentimientos, y ellos no son permanentes; son parte de una rueda que va moviéndose.

Justo como en el día y la noche: si escoges el día, ¿qué harás para evitar la noche? La noche vendrá. La noche no trae sufrimiento, es tu elección del día en contra de la noche lo que ha producido el sufrimiento.

Cada elección está destinada a terminar en un estado de sufrimiento.

No escoger es dicha.

Y el no escoger significa dejarte ir.

Significa que si el día viene, la noche también; el triunfo viene, el fracaso también; los días de gloria vienen, los días de condena también, y porque no has escogido nada, lo que venga está bien para ti, siempre está correcto.

Poco a poco verás que una distancia crece en ti, el círculo continúa moviéndose pero tú no te dejas atrapar. No te importa si es de día o de noche, estás centrado en ti mismo. No te estás aferrando a otra cosa ni estás haciéndote un centro en otra parte.

Todo el problema consiste en ver si puedes vivir sin ninguna elección. Lo que venga, lo disfrutas. Cuando se vaya, algo más vendrá, disfrútalo. El día es hermoso, mas la noche es hermosa a su manera, ¿por qué no disfrutar de ambos? Y puedes disfrutar de ambos sólo si no estás aferrado a uno de ellos.

Así que sólo una persona que no elige le extrae todo el jugo a la vida en su totalidad. Él nunca sufre. Lo que quiera que suceda, encontrará la forma de disfrutarlo.

Y este es todo el arte de la vida, encontrar la forma de disfrutarla. Pero hay que recordar la condición fundamental: no escojas. Puedes permanecer sin escoger sólo si estás alerta, consciente, observador; de otra manera, caerás en la elección.

La vida ciertamente es un arte, el más grande, y la fórmula más breve es conciencia sin elección, aplicable en todas las situaciones y para todos los problemas.

Una vez que has aceptado la vida en su totalidad —la vida incluye la muerte—, entonces la muerte no está contra la vida, sino que es su servidora, tal como lo es el sueño. Tu vida es eterna, va a continuar por siempre jamás; pero el cuerpo no es eterno, tiene que ser cambiado. Se vuelve viejo; entonces es mejor tener un cuerpo nuevo —una forma nueva— en vez de arrastrar el antiguo.

Para mí, el hombre de entendimiento no tendrá problemas. Él tendrá sólo la claridad de visión, y los problemas se desvanecerán. Un portentoso silencio le quedará, un silencio de gran belleza y gran bendición.

La verdad es el mayor transgresor.

El conocimiento prestado es ignorancia. La verdad experimentada no te hace conocedor, sino humilde. Cuanto más sabes, menos proclamas que sabes. El día que lo sabes perfectamente, sólo tú puedes decir: «Estoy en absoluta ignorancia, soy como un niño recogiendo conchas en la playa, no sé nada.»

«Yo no sé» sólo puede ser dicho por un hombre que sabe perfectamente.

Aquellos que dicen «Sabemos» son ignorantes en extremo, aunque sus memorias estén repletas. Esas memorias están muertas porque no han dado origen a ninguna experiencia propia.

✳

Para mí, ser natural es ser espiritual. Mi esfuerzo es para crear un hombre natural, humano, sin culpa, que acepte todas sus debilidades, fracasos a los que el ser humano es propenso.

En esta profunda aceptación de tu ser natural está la semilla de tu transformación.

✳

Hemos hecho que nuestras vidas estén llenas de cosas mundanas, actos mundanos, porque no sabemos un secreto simple que transformaría la cualidad de todo lo que hacemos.

Y recuerda, si no sabes el secreto de la transformación, entre todas las cosas mundanas tú eres también mundano, hasta que tengas la conciencia que te hace sagrado y divino, que va a transformar todo lo que haces en algo de tu misma categoría. Entonces, cualquier cosa que toques se volverá sagrada.

Todo lo que hagas será divino.

✳

Cualquier cosa bella, cualquier cosa que te recuerde el más allá, creará una aspiración en ti, una aspiración hacia algo que no entenderás. No conoces el nombre del objeto, porque de hecho no es un objeto al que aspiras.

Al escuchar bella música, al observar una puesta de sol, o un pájaro volando, o unas bellas rosas, o al sentarse en silencio, una dulce pena puede sentirse.

La aspiración es la forma de hacerte uno con este estado de ánimo, para que éste no sea una cosa fugaz que viene y se va, sino algo que permanezca en ti, que se convierta en ti mismo.

La misma música que hoy es dulce, puede no serlo mañana, puede ser aburrida pasado mañana. Así que no es la música, es algo más que se despertó en ti, la aspiración de ser apacible, de ser musical, de tener toda la belleza de la existencia y tenerla para siempre.

Ésta es la aspiración espiritual, la aspiración por el más allá, más allá de toda experiencia fugaz; una aspiración de detener el tiempo y estar aquí, ahora, en este momento por la eternidad.

Ésta es la verdadera religiosidad.

Cuando sientes la existencia de forma inmediata, sin mediador alguno, sin la mente dada por otro, pruebas algo que te transforma, que te ilumina, te despierta, te eleva a la más alta cima de la conciencia.

No existe una mayor plenitud. No hay satisfacción más allá. No hay más profunda relajación. Has llegado a casa.

La vida se vuelve un júbilo, una canción, una danza, una celebración. Y yo llamo religiosa a esta vida.

❋

Se necesita un hombre que sea educado sin sistemas religiosos de creencias, sin ideologías políticas. Que su educación sea sólo un agudizar su inteligencia para que así un día pueda encontrar su propia verdad.

Y recuerda, si la verdad no es la tuya propia, no es la verdad. Para ser verdad tiene que ser tuya, tu propia experiencia; no puedes tomarla prestada.

❋

Dios puede morir, las religiones pueden desaparecer, pero la religiosidad es algo entretejido en la existencia misma. Es la belleza del alba, la belleza de un pájaro en su vuelo. Es la belleza de una flor de loto al abrirse. Es todo lo verdadero, todo lo sincero y **auténtico**, todo lo que es amoroso y compasivo.

La religiosidad incluye todo lo que te eleva, lo que no te hace detener donde estás, sino que te recuerda siempre que debes todavía proseguir. En cada lugar que te detengas a descansar, es sólo un descanso para pasar la noche; por la mañana seguimos otra vez nuestro peregrinaje. Y éste es un peregrinaje eterno.

❋

Quiero que cada uno sea un gitano existencial.

No necesitáis raíces, no sois árboles. Sois seres humanos.

La naturaleza no es angustia, es felicidad. No es ansiedad, dolor, sufrimiento; es amor, regocijo. Es una constante celebración.

Venimos de esta naturaleza, somos parte de esta naturaleza, heredamos las mismas cualidades en nuestra conciencia.

La confianza simplemente significa que, pase lo que pase, estamos con ello, gozosamente. No renuentes ni de mala gana —se perdería todo el sentido— sino danzando, con una canción, con risa, con amor.

Lo que sucede es para bien. La existencia no puede equivocarse. Si ella no satisface nuestros deseos, eso quiere decir simplemente que nuestros deseos estaban equivocados.

La mayor necesidad del hombre es ser necesitado. Si alguien te necesita, te sientes gratificado. Pero si toda la existencia te necesita, entonces no hay límite para tu felicidad. Y esta existencia necesita incluso una pequeña hoja de hierba tanto como a la estrella más grande; no hay problema de desigualdad.

Nadie puede sustituirte. Si no estuvieras ahí, la existencia quedaría disminuida y siempre tendría algo de menos; nunca estaría completa. Ese sentimiento —que toda la inmensa existencia te necesita— te quita todos los sufrimientos.

Por primera vez, has regresado a casa.

*

La evolución está tratando, a través de la humanidad, de alcanzar la más alta cumbre de la consciencia. Unas cuantas personas la han alcanzado; son prueba suficiente de que todos pueden alcanzarla: sólo un poco de esfuerzo, un poco de sinceridad, un poco de búsqueda.

Todo te está diciendo que la forma en que vives no es suficiente, que las cosas que haces no es todo, que tu vida mundana es superficial; tu vida real permanece, en la mayoría de los casos, intacta. La gente nace, vive y muere sin saber quién es.

La existencia toda es silenciosa. Si puedes también estar en silencio, sabrás quién es esta consciencia dentro de ti. Y al saber esto, la vida se vuelve un gozo, un regocijo momento a momento, un festival de luces sin final.

*

La oración verdadera es sólo una, y es vivir de modo que empieces a sentirte agradecido con la existencia. La existencia te ha dado tan gran oportunidad, que nunca pediste, que nunca mereciste, y sin embargo la has obtenido. Y has florecido con miles de flores. Y dejas el mundo con la fragancia de la gratitud.

✳

Actúa más conscientemente y te acercarás más y más a la cualidad que sólo puede ser llamada divinidad: no Dios, no una persona, sino una cualidad, una fragancia. Actúa inconscientemente y te acercarás más y más a algo que no puede ser personificado con el diablo, pero puede ser llamado sólo la cualidad del mal.

La mente inconsciente se comporta de forma equivocada, la mente consciente se comporta de forma correcta.

Y la única religión que existe es el arte de cambiar la mente inconsciente en consciente, para que no tengas la dualidad de lo consciente e inconsciente, sino que tengas solamente una: una luz pura, una consciencia pura.

Y a partir de esta consciencia, todo es divino.

✳

Prepárate siempre para ir de lo conocido a lo desconocido, en cualquier cosa, en cualquier experiencia.

Es mejor incluso si lo desconocido resulta peor que lo conocido, eso no es lo importante. Sólo tu cambio de lo conocido a lo desconocido es lo que importa. Esto es inmensamente valioso.

Recuerda siempre que lo nuevo es mejor que lo viejo.

Yo digo que aun si todo lo antiguo es oro, olvídate de ello. Escoge lo nuevo, sea oro o no, eso no importa. Lo que importa es tu elección: tú eliges aprender, eliges experimentar, tu elección es entrar en la oscuridad.

✻

La meditación es la sola respuesta a todas las preguntas del hombre. Puede ser la frustración, puede ser la depresión, puede ser la tristeza, puede ser la falta de significado, puede ser la angustia; los problemas pueden ser múltiples, pero la respuesta es una.

La meditación es la respuesta.

✻

Ha habido intentos por todo el mundo de hacer una sociedad armoniosa, pero todos han fallado por la simple razón de que nadie se ha preocupado de ver por qué ésta no es armoniosa por naturaleza.

No es armoniosa porque cada individuo está dividido dentro de sí, y esta división la proyecta en la sociedad. Y a menos que desaparezca la división interna del individuo, no hay posibilidad de realizar realmente una utopía y crear una sociedad armoniosa en el mundo.

Así que la única forma de llegar a una utopía es que tu conciencia crezca más y tu inconsciencia decrezca, hasta que finalmente llegue un momento en tu vida en que nada quede de inconsciente, eres ya conciencia pura. Entonces no habrá división.

✳

Naturalmente, en el mundo la acción es necesaria, no la inacción. Para cada triunfo la acción es necesaria, no la inacción. Para todas las ambiciones se necesita la acción. Por tanto, el mundo entero, paso a paso, se ha concentrado en la parte activa.

Pero la parte activa crea tensiones, crea angustia, tristeza. Incluso si llegas a tu meta encontrarás que no has obtenido nada, simplemente has perdido tu tiempo y tu energía.

La parte activa de tu mente no puede dejarte en un estado de silencio, relajación, sintiéndote a gusto, en casa. Eso es imposible para la mente activa.

Es la mente inactiva la que puede darte un hogar para descansar, un refugio y un hermoso sentimiento de que no hay nada que hacer, que estás bien como estás, que has llegado ya a la meta, por lo que ya no tienes siquiera que moverte.

✳

El mundo puede encontrar la armonía si la meditación se extiende por todas partes y la gente puede ser conducida hacia la conciencia de sí misma. Así se funcionará en una dimensión totalmente diferente.

Hasta ahora había sido la revolución. El problema era la sociedad, su estructura. Esto ha fallado una y otra vez de modos diferentes. Ahora debe ser el individuo; no la revolución, sino la meditación, la transformación.

Y no es tan difícil como la gente cree. Es sólo cuestión de entender el valor de la meditación.

Entonces se hace fácilmente asequible para millones de personas el hacerse indivisibles dentro de ellas mismas. Será el primer grupo humano que se vuelva armonioso; su belleza, su compasión, su amor —todas sus cualidades— habrán de resonar alrededor del mundo.

La humanidad está en peligro a cada momento. Al finalizar este siglo, será un milagro si hemos sobrevivido.

Es algo fundamental el darse cuenta de que la verdad sólo puede ser tu propia experiencia. No hay otra forma de obtenerla.

Mentiras las puedes obtener en abundancia, toda clase de mentiras, de todos colores, todas formas y tamaños, las que prefieras. Están a tu alcance y a tu medida. No tienes que acomodarte a ellas, ellas se acomodan a ti. Es muy fácil, están hechas para ti, a tu medida.

La verdad es algo muy diferente.

Tú tienes que acomodarte a ella. La verdad no hace concesiones. Tendrás que cambiar de acuerdo con ella, tendrás que pasar por una transformación.

✳

Un hombre de mentalidad religiosa será religioso en sus acciones, sus relaciones, sus pensamientos, sus sentimientos. No necesita una iglesia ni una sinagoga ni un templo. Lo que necesita es una claridad de visión, un silencio del corazón, una experiencia de su propio ser.

Porque esa experiencia de su propio ser le hará consciente de que el mundo entero es divino, de que todo lo existente está en diferentes estados de evolución, pero con el potencial de la vida y el potencial de la consciencia.

✳

La mente no conoce los tres tiempos verbales, conoce sólo dos: pasado y futuro. El presente no existe para la mente. Lo existencial es inexistencial para la mente, y lo inexistencial es existencial para ella.

De ahí el esfuerzo por salirse de la mente, de salirse de lo no existencial y quedarse en medio, donde la existencia está.

¿Cómo estar en el presente? Ése es todo el chiste de la meditación. Y en cuanto estás en el presente, la iluminación es el resultado.

✳

Todas las artes tienen su origen en la meditación, y todas las artes se han alejado de ella, y esto es una calamidad. De otra forma, cada artista —cualquiera que sea su especialidad— debería encontrar un camino hacia la meditación. Pero parece que no lo hace.

Al contrario, la mayoría de los artistas modernos —músicos, bailarines, poetas, pintores, escultores—, más que alcanzar la meditación encuentran la locura, que es el otro extremo de la meditación. Y la razón es que, en los orígenes, el intervalo era más importante que las palabras; pero con el paso del tiempo las palabras se hicieron más importantes que los intervalos.

✳

Ningún hombre meditativo ha cometido jamás suicidio ni se ha vuelto loco, por la simple razón de que va adquiriendo mayor equilibrio, mayor armonía interior y, finalmente, armonía absoluta, esto es la armonía de la «no-mente».

Y llegar a la «no-mente» es obtenerlo todo.

No hay nada más allá de esto, pues es la paz, el silencio, la beatitud. La «no-mente» es la divinidad. Es la inmortalidad, la eternidad.

✳

La psicología occidental está todavía extraviada en las raíces. Ni siquiera ha tocado el follaje, las flores, los frutos. No tiene siquiera idea de la «no-mente», no ha sido siquiera capaz de notar la totalidad de la mente. Y sin conocer la totalidad de la mente, no se puede pasar a la «no-mente».

La «no-mente» es la realización.
La «no-mente» es la iluminación.
La «no-mente» es la liberación.

Los científicos nunca serán capaces de comprender la profundidad abismal, la oscuridad y la parte misteriosa de su propia mente.

Si hay sólo una ciencia, puede haber sólo una religión. Si una ciencia basta para explorar el mundo objetivo, una religión es bastante para explorar el mundo interior del hombre, y esa religión única necesita no tener ningún adjetivo: cristiana, hindú, taoísta o cualquier otro.

Así como ciencia es simplemente ciencia, religión es simplemente religión.

A mi parecer, de hecho hay una sola ciencia, con dos dimensiones: una dimensión funcionando en el mundo exterior y la otra funcionando en el mundo interior. Podríamos incluso descartar la palabra «religión».

Es una regla fundamental de la ciencia el usar un mínimo de hipótesis. Así pues, ¿para qué usar dos palabras? Basta con una. Y «ciencia» es una hermosa palabra; significa «conocer».

Conocer lo otro es un aspecto, conocerse uno mismo es otro aspecto; pero el «conocer» abarca los dos.

133

Si estás listo para abrir una nueva puerta en tu ser, si estás listo para oír desde el corazón, entonces lo que te digo es tan simple que no hay necesidad de creer en ello, porque no hay tampoco forma de ser incrédulo. Esto es tan simple que no hay manera de dudar.

Por tanto, estoy en contra de las creencias, por la simple razón de que para toda mi enseñanza no es necesario creer. Estoy a favor de la duda, porque no puedes dudar de mi sencilla enseñanza.

Nuestros condicionamientos no nos permiten ser naturales. Nuestros condicionamientos nos enseñan desde el principio que debemos ser algo más que la naturaleza, que ser sólo naturales es ser animales; tenemos que ser sobrenaturales.

Y parece muy lógico. Todas las religiones han venido enseñando esto, que para ser hombre hay que superar a la naturaleza. Y han convencido a la humanidad durante siglos para que vaya más allá de la naturaleza.

Nadie ha tenido éxito en superar a la naturaleza. En todo lo que se puede tener éxito es en destruir su propia belleza natural y espontánea, su propia inocencia.

Cuando una persona madura se vuelve un niño otra vez... Hay una diferencia entre los niños comunes y los que renacen. El niño común es inocente porque es ignorante, y la inocencia renacida es el valor más grande de la vida, pues no es ignorancia, es inteligencia pura.

La inocencia sola se vuelve ignorancia.

La inteligencia sola se vuelve astucia.

Ambas reunidas no son ni ignorancia ni astucia, sino una simple receptividad, una apertura; un corazón que es capaz de maravillarse con la más insignificante cosa de la vida.

Y, para mí, el hombre que sabe sentirse maravillado es el único hombre religioso. Es a través de su sorpresa como llega a darse cuenta de que la existencia no es sólo materia, no puede serlo. Esto no es una conclusión lógica para él, ni una creencia, sino una experiencia real. Tan hermosa experiencia —tan misteriosa, tan impenetrable— indica que hay una portentosa inteligencia.

Sin embargo, la existencia no es astuta. Es muy sencilla, inocente.

Así es que si uno puede conservar estas dos cualidades —inocencia e inteligencia— juntas, ya no necesita nada más. Estas dos le conducirán a uno hacia la meta última de la autorrealización.

Me gustaría decirte que sólo hay una cosa que decide quién es un maestro verdadero, y es que su presencia puede hacer que tu mente dormida despierte súbitamente. Puede inflamarte. Puede hacerte florecer con miles de flores, en un solo momento. El momento se vuelve tan intenso que es casi como la eternidad. Ésta es la única forma de decidir; todo lo demás no tiene sentido.

❋

La mente ve las cosas en blanco y negro, sin nada intermedio. Vida y muerte, nada entre ellas. Amor y odio, nada entre ellos.

La mente simplemente divide, fracciona, corta una cosa en dos realidades como polos separados; las hace tan contradictorias que parece imposible que pudiera haber un modo de que no estuvieran separadas, de que pudieran ser una realidad.

La mente ha tomado sólo los dos extremos de una realidad. Así es como es. Lógicamente, el amor y el odio son opuestos, contradictorios, pero existencialmente eso no es verdad. El amor puede convertirse fácilmente en odio sin ningún obstáculo. El odio puede convertirse en amor como olas fundiéndose en otras olas sin obstáculos en ninguna parte.

Tenemos la idea de que la luz y la oscuridad son dos realidades contradictorias. Eso no es verdad, no hay oposición. Como mucho, podemos decir que la luz es menos oscura y la oscuridad es menos luminosa. Pero tenemos que usar algo que señale sólo la diferencia de grados y no produzca contradicción.

Y vemos todos los días la vida caminando hacia la muerte tan calmadamente, tan quietamente, sin queja alguna. No puedes siquiera oír los pasos de la muerte. No puede haber ninguna contradicción. Y los que saben, saben la otra parte también, que la muerte se encamina hacia nuevas formas de vida. Todas las distinciones son hechas por el hombre, la existencia no hace distinciones.

Una vez que empezamos a pensar en una realidad sin distinciones —no dividida en dualidades, dicotomías—, la cruz de nuestra mente puede desaparecer. Nadie más te ha crucificado, tú mismo eres el responsable, porque puedes alejar de ti la cruz y tu mente puede hacerse una.

Los pensamientos son el sustituto de la consciencia.

Esto es algo para recordar, que cuando experimentes algo que carece de opuesto, has llegado a casa.

Mientras los opuestos existan estarás desgarrado continuamente. Entre estas dos experiencias serás sólo como el balón de fútbol, a veces sintiéndote feliz, a veces sufriendo, pero nunca conociendo que hay algo más allá de ambos, lo hermoso y lo depresivo. Por eso no puede ponerse en palabras, pues todas las palabras son duales; de otra manera no tendrían sentido.

Ésa es la naturaleza del lenguaje, que no puede haber una palabra sin tener su opuesto, pues la palabra no tendría sentido alguno.

Dos personas pensando son dos. Dos personas sin pensar son una, porque ahí no hay distinción, no hay límites, ambas están en el mismo estado.

Los pensamientos serían diferentes, delinearían un límite de separación. Pero sin pensamiento no hay límite ni distinción, no hay diferencias.

Dos seres inocentes son uno.

El fenómeno sin nombre al que conduce la confianza total no es una relación, es una unidad. El dos desaparece, se convierte en un círculo, un polo. Y siempre viene sin ninguna información previa, repentinamente, como una brisa. Pero en cuanto lo pruebas —que el amor y la confianza parecen muy pobres— has conocido la riqueza. Puede ser sólo por unos segundos, no importa.

El amor no es muy de fiar, pero sí útil.

Úsalo y encamínate a la confianza.

Pero la confianza tampoco está cien por cien garantizada.

Sigue adelante.

Entonces no puedes caer, entonces no hay forma de volverte atrás.

Entonces es algo que pertenece a la eternidad.

Más allá del amor y la confianza hay un espacio que no es objetivo ni subjetivo, que está simplemente ahí.

Hay muchas cosas en la existencia que no pueden ser nombradas, y ésas son las cosas reales. Lo que puede ser nombrado es de calidad inferior, de bajo estrato.

Ese espacio innominado, silencioso... ése contiene el amor, contiene la confianza, y más aún. Y este «más» es tan vasto... Pero sólo puede llegarte, no lo puedes arrebatar.

Experimentar este momento es al mismo tiempo experimentar todo lo que ha sido y todo lo que será, pues este momento contiene ambos.

Contiene todo el pasado, porque ¿dónde podría ir el pasado? Éste sigue y sigue entrando en el presente momento. Y contiene todo el futuro porque ¿de dónde puede venir el futuro? Crecerá partiendo de este momento, del próximo momento y del próximo y de toda la eternidad.

El momento presente es la semilla que contiene todos los árboles del pasado, generaciones y generaciones de árboles. Esta semilla no ha venido de la nada, sino de un árbol. Ese árbol había venido de otra semilla, esa semilla, de otro árbol. Si retrocedes, la semilla te llevará al propio comienzo, si es que lo hubo. Ha estado por siempre aquí.

Y esta semilla contiene también los árboles futuros. De esta semilla crecerá un nuevo árbol, y ese árbol producirá miles de semillas y miles de árboles. Una semilla sola puede hacer toda la tierra verde. O puede decirse incluso que puede hacer todo el universo verde; tanto está contenido en una pequeña semilla.

El momento presente es una semilla de tiempo. Es indivisible, es por eso por lo que no sabemos lo que contiene. Contiene todo el pasado; contiene todo el futuro.

Es por lo que insisto: no pienses en el pasado, no pienses en el futuro. Permanece justo en el momento presente, y todo el pasado es tuyo y todo el futuro es tuyo.

Lo desconocido está continuamente entrando en tu mundo conocido y lo perturba. Pero lo perturba sólo porque tú no lo recibes bien. Si pudieras recibir bien lo desconocido y pudieras dejar lo conocido...

Es siempre lo conocido lo que es perturbado por el tiempo, no lo desconocido. Lo desconocido no puede ser perturbado ni por el tiempo ni por nada.

Si estás listo para dar la bienvenida a lo desconocido, conoces ya el secreto para salir victorioso en todas las derrotas y en todos los fracasos.

La oscuridad tiene un silencio y tiene una profundidad. La oscuridad tiene paz, y la oscuridad te arrebata todo tu conocimiento, todo lo que pensabas que te pertenecía. Ella te conduce absolutamente a lo desconocido, y lo misterioso.

Para mí, la oscuridad es uno de los misterios más grandes de la existencia, mucho más que la luz.

Pero aquellos que tienen miedo de la oscuridad nunca serán capaces de penetrar en su propio ser. Darán más y más vueltas en derredor, nunca llegarán a ellos mismos.

Y tiene que ser la oscuridad, no la luz, porque la luz viene y va; una vez que has descubierto el punto de oscuridad en ti, has descubierto algo eterno, algo indestructible, algo que es más de lo que conoces de la vida. Es la sustancia elemental de la que está hecha la existencia.

Un koan es un rompecabezas que no puede ser resuelto. No hay forma de resolverlo. Es una estrategia para cansar tu mente activa, tanto que por cansancio se deje caer, reconozca su fracaso.

En esos momentos el enfoque puede ser cambiado muy fácilmente. Debido a que la mente ha fallado, puedes ir hacia la «no-mente».

Por una determinada razón los místicos llamaron a la

meditación «no-mente», pues si la llamas meditación, otra vez la mente hace de ella su meta.

Entonces tienes que lograr la meditación.

Así que no hay diferencia entre la meta que era la iluminación y la meditación; la meta permanece, el futuro permanece, y continúas destruyendo el presente.

Los místicos que por vez primera cambiaron de «meditación» a «no-mente» tuvieron una enorme visión.

Ahora, la «no-mente» no puede convertirse en una meta.

Es simplemente absurdo, ¿cómo puede la mente hacer de «no-mente» una meta?

Simplemente dirá que no es posible, la mente es todo, no hay «no-mente».

Esto fue una estrategia para no dejarte hacer de eso una meta. Muy poca gente ha comprendido la estrategia consistente en llamarla «no-mente», para impedir a la mente hacer una meta.

Así que más y más quédate en estado de «no-mente».

Sólo continúa descartando memorias, imaginaciones; limpiando y purificando el momento presente. Y en cuanto esto se ahonde, en cuanto te vuelvas más y más capaz de tener «no-mente», la iluminación te llegará por cuenta propia.

*

Así como el amor funciona como instrumento de la confianza, ésta también funciona como un instrumento de algo del más allá, para lo cual no hay palabra existente en ninguna lengua. Es una experiencia; no es una cuestión de amor ni de confianza, sino algo absolutamente desconocido para la mente.

El amor y la confianza te ayudan a llegar a ello.

Así que recuerda, son sólo medios para un fin del cual no existe nombre. Pero repentinamente, cuando la confianza es total, puedes tener un vislumbre de ello. Esto es sobrecogedor, simplemente tú desapareces.

La verdad no puede ser dicha, así que lo que pueda decirse será una hermosa mentira, hermosa porque puede conducirte hacia la verdad.

Así pues, yo hago una separación entre las mentiras: mentiras hermosas y mentiras feas; mentiras feas que te apartan de la verdad y mentiras hermosas que te acercan a la verdad. Pero en cuanto a su calidad se refiere, ambas son mentiras.

Ahora bien, esas mentiras hermosas funcionan; por tanto, participan del sabor de la verdad.

La verdadera sustancia de la vida está dentro de ti. En este mismo momento puedes entrar dentro de ti, mirar dentro de ti. No hay necesidad de culto, de plegaria. Todo lo que se necesita es una silenciosa jornada dedicada a tu propio ser.

Yo lo llamo meditación, un peregrinaje silencioso hacia tu propio ser.

Y en cuanto encuentres tu propio centro, habrás encontrado el centro de la existencia entera.

El extremista es siempre un egoísta.

En ciertos momentos eres más consciente; en ciertos momentos, menos. Así que es posible crear la situación para ser más consciente.

Por eso la conciencia se convirtió en el fundamento de la meditación. Y con la conciencia llegó la sorpresa de que, a medida que te hacías más consciente, los pensamientos desaparecían. Cuando ya eres completamente consciente no hay pensamientos, y súbitamente el tiempo se ha detenido.

¿Cómo puedes llegar a tener una muerte natural viviendo una vida desnaturalizada?

La muerte es la opinión de los otros acerca de ti.

Sólo un hombre que ha despertado puede tener una muerte natural; de otra forma, todas las muertes no son naturales, pues todas las vidas tampoco son naturales.

La muerte es simplemente el punto culminante, el crescendo de tu vida. No está contra la vida, no destruye la vida.

Para morir hermosamente, uno tiene que vivir hermosamente.

Para morir con asombro y con entusiasmo, en éxtasis, uno tiene que prepararse toda la vida para el éxtasis, el entusiasmo, el asombro.

Cuando te digo que tienes que desaparecer para llegar a la realización de lo absoluto, no quiero decir tú, quiero decir el tú que no eres. Quiero decir el tú que piensas que eres.

El tú que descubres cuando eres uno con la existencia no es el antiguo tú. Ése era tu personalidad, y éste es tu individualidad. Ésa te había sido dada por la sociedad, y ésta es la naturaleza, la realidad, un regalo de la existencia.

✳

La verdad no es un objeto que encontrarás en algún lugar cuando estés silencioso.

La verdad es tu subjetividad.

Trata de entender. Tú estás ahí, y el mundo está ahí: lo que ves es un objeto, pero el que está mirando es el sujeto. En silencio todos los objetos desaparecen, tienes todo el infinito, y sólo hay silencio. Está lleno de conciencia, lleno de presencia, lleno de tu ser. Pero no encontrarás nada que sea «la verdad». Eso sería un objeto, y la verdad nunca es un objeto.

La verdad es subjetividad.

Para descubrir tu subjetividad —sin estorbos, sin tacha— en su total infinitud y eternidad, está la verdad.

✳

Observar es encontrar tu espejo interior. Y una vez que lo has encontrado, los milagros empiezan a suceder.

Cuando simplemente observas tus pensamientos, éstos desaparecen. Entonces, repentinamente, hay un increíble silencio que nunca habías conocido. Cuando observas tus estados de ánimo —ira, tristeza, felicidad—, éstos súbitamente desaparecen y un silencio aún mayor se experimenta.

Y cuando no hay nada que observar, entonces la revolución, la energía observadora se vuelve sobre sí misma pues no hay nada que se lo impida, no hay otro objeto.

La palabra «objeto» es hermosa. Simplemente significa eso que te impide, te «objeta». Cuando no hay objeto para tu observación, ésta simplemente regresa a ti, la fuente, y éste es el punto en que uno se ilumina.

La iluminación es sólo el reconocimiento de tu ser, el reconocimiento de la eternidad de tu ser, el reconocimiento de que no ha habido muerte antes ni habrá ninguna muerte otra vez; que la muerte es una ficción.

Ver a tu ser en su extrema desnudez, en su absoluta belleza, su grandeza, su silencio, su felicidad, su éxtasis, todo eso está comprendido en la palabra «iluminación».

Una vez que has experimentado esta chispa, la mente empieza a perder su dominio sobre ti, porque has encontrado algo que es cualitativamente tan elevado, tan pleno, tan gozoso, que la mente siente que su función ha terminado.

La mente se ve fea pues sólo te ha dado sufrimientos, preocupaciones, ansiedad. ¿Qué te ha aportado?

Sus garras se aflojan; empieza a perderse en las sombras y poco a poco va desapareciendo.

Tú continúas viviendo, pero ahora tu vida se sucede momento a momento, y lo que has obtenido en ese pequeño lapso de «no-mente» continúa creciendo. No habrá fin para ese crecimiento.

La iluminación sólo empieza, nunca termina.

No estoy tratando de darte ningún ideal, que tengas que convertirte en esto o lo otro. Estoy simplemente ayudándote a ver que tú eres ya eso que necesitas ser.

Sólo abandona toda aspiración, todo deseo, toda ambición de ser alguien distinto, para que puedas ser eso que eres.

No quiero distraerte de tu ser. Quiero llegar más y más cerca de tu ser para que finalmente sólo tú quedes dentro de ti mismo.

El deseo como tal es siempre no-espiritual. Así que no puede haber algún deseo espiritual.

El hombre es el experimento más grande de la existencia. En este vasto e infinito universo, sólo en esta pequeña tierra la existencia ha sido capaz de crear la humanidad, la cual tiene el potencial para volverse totalmente consciente.

La existencia espera mucho de ti.

SOBRE EL AUTOR

Las enseñanzas de Osho desafían cualquier encasillamiento, abarcando todo, desde la búsqueda de sentido individual hasta las más urgentes situaciones políticas y sociales que atraviesa la sociedad actual. Sus libros no han sido escritos, sino que han sido transcritos a partir de grabaciones en cintas y videos de charlas improvisadas en respuesta a distintas preguntas hechas por discípulos y visitantes durante un periodo de treinta y cinco años. Osho ha sido calificado por el *Sunday Times* de Londres como uno de los «mil constructores del siglo XX», así como "el hombre más peligroso desde Jesucristo" por el autor estadounidense Tom Robbins.

Acerca de su propio trabajo, Osho ha dicho que consiste en ayudar a crear las condiciones para el nacimiento de una nueva clase de ser humano. A menudo ha caracterizado a este nuevo ser humano como «Zorba el Buda», capaz de disfrutar al mismo tiempo de los placeres terrenales como un Zorba el Griego y de la callada serenidad de un Gautama Buda. Entretejida como un hilo a lo largo de todos los aspectos de la obra de Osho hay una visión que aúna la eterna sabiduría oriental y el gran potencial de la ciencia y la tecnología occidental.

Osho también es conocido por su revolucionaria contribución a la ciencia de la transformación interior, con un enfoque de la meditación que tiene en cuenta el ritmo acelerado de la vida moderna. Sus singulares «meditaciones activas» han sido diseñadas para liberar, en primer lugar, las tensiones acumuladas en el cuerpo y la mente de forma que sea más fácil experimentar el estado relajado y libre de todo pensamiento propio de la meditación.

Existe una obra del autor de carácter autobiográfico: *Autobiografía de un místico espiritualmente incorrecto* (Kairós).

Para más información

Para más información sobre cómo visitar el Resort en India, o como informarte más ampliamente acerca de Osho y su trabajo, visita:

www.osho.com

Una exhaustiva página web en diferentes idiomas que incluye una visita virtual al Osho International Meditation Resort, un calendario de cursos, un catálogo de libros y casetes, una lista de los centros de información de Osho en todo el mundo y una selección de las charlas de Osho.

Osho International
Nueva York
email: **oshointernational@oshointernational.com**
www.osho.com/oshointernational

Sobre el
OSHO INTERNATIONAL
MEDITATION RESORT

El Osho International Meditation Resort es un excelente lugar para vacacionar, donde la gente tiene una experiencia personal directa de una nueva manera de vivir más consciente, relajada y divertida. Situado a unos 160 Kilómetros al sureste de Bombay, en Puna (India), el centro ofrece variedad de programas a los miles de visitantes de más de cien países que acuden cada año.

Puna fue originalmente un retiro de verano para los maharajás y los más ricos colonialistas británicos; ahora es una próspera ciudad moderna que acoge varias universidades e industrias de tecnología de punta.

El Resort ocupa cerca de dieciséis hectáreas en la maravillosa zona periférica de Koregaon Park, y ofrece alojamiento para un número limitado de visitantes en el nuevo Guesthouse. En la zona hay una gran variedad de hoteles y apartamentos privados disponibles para estancias desde unos días hasta varios meses.

Todos los programas de meditación están basados en la idea de Osho de un tipo de ser humano cualitativamente nuevo que es capaz de participar creativamente en la vida diaria y de relajarse en silencio y meditación. La mayor parte de los programas tiene lugar en instalaciones modernas con aire acondicionado e incluyen una variedad de sesiones individuales, cursos y talleres que abarcan todos los aspectos: desde las artes creativas hasta las curas de salud holísticas, el crecimiento personal y las terapias, las ciencias esotéricas, el acercamiento Zen a los deportes y el ocio, relaciones personales y etapas de transición en la vida del hombre y la mujer. Tanto las sesiones individuales como los talleres de grupo se ofrecen a lo largo de todo el año junto con un completo horario de meditaciones activas de Osho, grabaciones y vídeos de sus charlas y técnicas meditativas de distintas tradiciones espirituales.

Los cafés y los restaurantes al aire libre que se encuentran dentro del recinto sirven comida tradicional india y una gran variedad de platos internacionales hechos con verduras cultivadas orgánicamente en la propia huerta del centro, que tiene su propio suministro de agua potable, segura y filtrada.

www.osho.com/resort